CARTA ENCÍCLICA

FIDES ET RATIO

DO SUMO PONTÍFICE

JOÃO PAULO II

AOS BISPOS DA IGREJA CATÓLICA
SOBRE AS RELAÇÕES
ENTRE FÉ E RAZÃO

CARTA ENCÍCLICA
FIDES ET RATIO
DO SUMO PONTÍFICE
JOÃO PAULO II
AOS BISPOS DA IGREJA CATÓLICA
SOBRE AS RELAÇÕES
ENTRE FÉ E RAZÃO

Paulinas

© Amministrazione del Patrimonio della Santa Sede Apostolica
© Dicastero per la Comunicazione – Libreria Editrice Vaticana, 1998
Tradução: ©Conferência Nacional dos Bispos do Brasil
Direção geral: *Ivani Pulga*
Editora responsável: *Noemi Dariva*

13ª edição – 2010
9ª reimpressão – 2024

Nenhuma parte desta obra poderá ser reproduzida ou transmitida por qualquer forma e/ou quaisquer meios (eletrônico ou mecânico, incluindo fotocópia e gravação) ou arquivada em qualquer sistema ou banco de dados sem permissão escrita da Editora. Direitos reservados.

Cadastre-se e receba nossas informações
paulinas.com.br
Telemarketing e SAC: 0800-7010081

Paulinas
Rua Dona Inácia Uchoa, 62
04110-020 – São Paulo – SP (Brasil)
📞 (11) 2125-3500
✉ editora@paulinas.com.br

© Pia Sociedade Filhas de São Paulo – São Paulo, 1998

*Venerados Irmãos no Episcopado,
saúde e Bênção Apostólica!*

A FÉ E A RAZÃO (*fides et ratio*) constituem como que as duas asas pelas quais o espírito humano se eleva para a contemplação da verdade. Foi Deus quem colocou no coração do homem o desejo de conhecer a verdade e, em última análise, de conhecer a ele, para que, conhecendo-o e amando-o, possa chegar também à verdade plena sobre si próprio (cf. Ex 33,8; Sl 27/26, 8-9; 63/62,2-3; Jo 14,8; 1Jo 3,2).

INTRODUÇÃO

"CONHECE-TE A TI MESMO"

1. Tanto no Oriente como no Ocidente, é possível entrever um caminho que, ao longo dos séculos, levou a humanidade a encontrar-se progressivamente com a verdade e a confrontar-se com ela. É um caminho que se realizou — nem podia ser de outro modo — no âmbito da autoconsciência pessoal: quanto mais o homem conhece a realidade e o mundo, tanto mais conhece a si mesmo na sua unicidade, ao mesmo tempo que nele se torna cada vez mais premente a questão do sentido das coisas e da sua própria existência. O que chega a ser objeto do nosso conhecimento torna-se por isso mesmo parte da nossa vida. A recomendação *conhece-te a ti mesmo* estava esculpida no dintel do templo de Delfos, para testemunhar uma verdade basilar que deve ser assumida como regra

mínima de todo homem que deseje distinguir-se, no meio da criação inteira, pela sua qualificação de "homem", ou seja, enquanto "conhecedor de si mesmo".

Aliás, basta um simples olhar pela história antiga para ver com toda a clareza como surgiram simultaneamente, em diversas partes da terra animadas por culturas diferentes, as questões fundamentais que caracterizam o percurso da existência humana: *Quem sou eu? De onde venho e para onde vou? Por que existe o mal? O que é que existirá depois desta vida?* Essas perguntas encontram-se nos escritos sagrados de Israel, mas aparecem também nos Vedas e no Avestá; são encontradas tanto nos escritos de Confúcio e Lao-Tse, como na pregação de Tirtankara e de Buda; e assomam ainda quer nos poemas de Homero e nas tragédias de Eurípides e Sófocles, quer nos tratados filosóficos de Platão e Aristóteles. São questões que têm a sua fonte comum naquela exigência de sentido que, desde sempre, urge no coração do homem: da resposta a tais perguntas depende efetivamente a orientação que se imprime à existência.

2. A Igreja não é alheia, nem pode sê-lo, a esse caminho de pesquisa. Desde que recebeu, no Mistério Pascal, o dom da verdade última sobre a vida do homem, ela fez-se peregrina pelas estradas do mundo, para anunciar que Jesus Cristo é "o caminho, a verdade e a vida" (Jo 14,6). Dentre os vários serviços que ela deve oferecer à humanidade, há um cuja responsabilidade lhe cabe de modo absolutamente peculiar: é a *diaconia da verdade*[1]. Por um

---

1. Na minha primeira encíclica, a *Redemptor hominis*, já tinha escrito: "Tornamo-nos participantes de tal missão de Cristo profeta, e, em virtude dessa mesma missão e juntamente com Ele, servimos a

lado, essa missão torna a comunidade fiel participante do esforço comum que a humanidade realiza para alcançar a verdade[2], e, por outro, obriga-a a empenhar-se no anúncio das certezas adquiridas, ciente todavia de que cada verdade alcançada é apenas mais uma etapa rumo àquela verdade plena que há de manifestar-se na última revelação de Deus: "Hoje vemos como por um espelho, de maneira confusa, mas então veremos face a face. Hoje conheço de maneira imperfeita, então conhecerei exatamente" (1Cor 13,12).

3. Variados são os recursos que o homem possui para progredir no conhecimento da verdade, tornando assim cada vez mais humana a sua existência. De entre eles sobressai a *filosofia*, cujo contributo específico é colocar a questão do sentido da vida e esboçar a resposta: constitui, pois, uma das tarefas mais nobres da humanidade. O termo filosofia significa, segundo a etimologia grega, "amor à sabedoria". Efetivamente a filosofia nasceu e começou a desenvolver-se quando o homem principiou a interrogar-se sobre o porquê das coisas e o seu fim. Ela demonstra, de diferentes modos e formas, que o desejo da verdade pertence à própria natureza do homem. Interrogar-se sobre o porquê das coisas é uma propriedade natural da sua razão, embora as respostas, que esta aos pou-

---

verdade divina na Igreja. A responsabilidade por essa verdade implica também amá-la e procurar obter a sua mais exata compreensão, a fim de a tornarmos mais próxima de nós mesmos e dos outros, com toda a sua força salvífica, com o seu esplendor, com a sua profundidade e simultaneamente a sua simplicidade" [N. 19: *AAS* 71 (1979), 306].

2. Cf. Conc. Ecum. Vat. II, Const. past. sobre a Igreja no mundo contemporâneo *Gaudium et spes*, 16.

cos vai dando, se integrem num horizonte que evidencia a complementaridade das diferentes culturas em que o homem vive.

A grande incidência que a filosofia teve na formação e desenvolvimento das culturas do Ocidente não deve fazer-nos esquecer a influência que a mesma exerceu também nos modos de conceber a existência presentes no Oriente. Na realidade, cada povo possui a sua própria sabedoria natural, que tende, como autêntica riqueza das culturas, a exprimir-se e a maturar em formas propriamente filosóficas. Prova da verdade de tudo isso é a existência duma forma basilar de conhecimento filosófico, que perdura até aos nossos dias e que se pode constatar nos próprios postulados em que as várias legislações nacionais e internacionais se inspiram para regular a vida social.

4. Deve-se assinalar, porém, que, por detrás dum único termo, se escondem significados diferentes. Por isso, é necessária uma explicitação preliminar. Impelido pelo desejo de descobrir a verdade última da existência, o homem procura adquirir aqueles conhecimentos universais que lhe permitam uma melhor compreensão de si mesmo e progredir na sua realização. Os conhecimentos fundamentais nascem da *maravilha* que nele suscita a contemplação da criação: o ser humano enche-se de encanto ao descobrir-se incluído no mundo e relacionado com outros seres semelhantes, com quem partilha o destino. Parte daqui o caminho que o levará, depois, à descoberta de horizontes de conhecimentos sempre novos. Sem tal assombro, o homem tornar-se-ia repetitivo e, pouco a pouco, incapaz de uma existência verdadeiramente pessoal.

A capacidade reflexiva própria do intelecto humano permite elaborar, por meio da atividade filosófica, uma forma de pensamento rigoroso, e assim construir, com coerência lógica entre as afirmações e coesão orgânica dos conteúdos, um conhecimento sistemático. Graças a tal processo, alcançaram-se, em contextos culturais diversos e em diferentes épocas históricas, resultados que levaram à elaboração de verdadeiros sistemas de pensamento. Historicamente isso gerou muitas vezes a tentação de identificar uma única corrente com o pensamento filosófico inteiro. Mas, nesses casos, é claro que entra em jogo uma certa "soberba filosófica", que pretende arvorar em leitura universal a própria perspectiva e visão imperfeita. Na realidade, cada *sistema* filosófico, sempre no respeito da sua integridade e livre de qualquer instrumentalização, deve reconhecer a prioridade do *pensar* filosófico de que teve origem e ao qual deve coerentemente servir.

Neste sentido, é possível, não obstante a mudança dos tempos e os progressos do saber, reconhecer um núcleo de conhecimentos filosóficos, cuja presença é constante na história do pensamento. Pense-se, só como exemplo, nos princípios de não-contradição, finalidade, causalidade, e ainda na concepção da pessoa como sujeito livre e inteligente, e na sua capacidade de conhecer Deus, a verdade, o bem; pense-se, além disso, em algumas normas morais fundamentais que geralmente são aceitas por todos. Esses e outros temas indicam que, para além das correntes de pensamento, existe um conjunto de conhecimentos nos quais é possível ver uma espécie de patrimônio espiritual da humanidade. É como se nos encontrássemos perante uma *filosofia implícita*, em virtude da qual cada um sente que possui esses princípios, embora de forma genérica e não refletida. Esses conhecimentos, precisamente porque partilhados em certa medida por todos, deveriam constituir uma espécie de ponto de referência para as diversas escolas filosóficas. Quando a razão consegue intuir e formular os princípios primeiros e universais do ser, e deles deduzir correta e coerentemente conclusões de ordem lógica e deontológica, então pode-se considerar uma razão reta, ou, como era chamada pelos antigos, *orthòs logos, recta ratio*.

5. A Igreja, por sua vez, não pode deixar de apreciar o esforço da razão na consecução de objetivos que tornem cada vez mais digna a existência pessoal. Na verdade, ela vê, na filosofia, o caminho para conhecer verdades fundamentais relativas à existência do homem. Ao mesmo tempo, considera a filosofia uma ajuda indispensável para aprofundar a compreensão da fé e comunicar a verdade do Evangelho a quantos não a conhecem ainda.

Na seqüência de iniciativas análogas dos meus Predecessores, desejo também eu debruçar-me sobre esta atividade peculiar da razão. Faço-o movido pela constatação, sobretudo em nossos dias, de que a busca da verdade última aparece muitas vezes ofuscada. A filosofia moderna possui, sem dúvida, o grande mérito de ter concentrado a sua atenção sobre o homem. Partindo daí, uma razão cheia de interrogativos levou por diante o seu desejo de conhecer sempre mais ampla e profundamente. Dessa forma, foram construídos sistemas de pensamento complexos, que deram os seus frutos nos diversos âmbitos do conhecimento, favorecendo o progresso da cultura e da história. A antropologia, a lógica, as ciências da natureza, a história, a lingüística, de algum modo todo o universo do saber foi abarcado. Todavia, os resultados positivos alcançados não devem levar a transcurar o fato de que essa mesma razão, porque ocupada a investigar de maneira unilateral o homem como objeto, parece ter-se esquecido de que este é sempre chamado a voltar-se também para uma realidade que o transcende. Sem referência a esta, cada um fica ao sabor do livre arbítrio, e a sua condição de pessoa acaba por ser avaliada com critérios pragmáticos baseados essencialmente sobre o dado experimental, na errada convicção de que tudo deve ser dominado pela técnica. Foi assim que a razão, sob o peso de tanto saber, em vez de exprimir melhor a tensão para a verdade, curvou-se sobre si mesma, tornando-se incapaz, com o passar do tempo, de levantar o olhar para o alto e de ousar atingir a verdade do ser. A filosofia moderna, esquecendo-se de orientar a sua pesquisa para o ser, concentrou a própria investigação sobre o conhecimento humano. Em vez de se apoiar sobre a capacidade que o homem tem de conhecer a verdade, preferiu sublinhar as suas limitações e condicionalismos.

Daí provieram várias formas de agnosticismo e relativismo, que levaram a investigação filosófica a perder-se nas areias movediças dum ceticismo geral. E, mais recentemente, ganharam relevo diversas doutrinas que tendem a desvalorizar até mesmo aquelas verdades que o homem estava certo de ter alcançado. A legítima pluralidade de posições cedeu o lugar a um pluralismo indefinido, fundado no pressuposto de que todas as posições são equivalentes: trata-se de um dos sintomas mais difusos, no contexto atual, de desconfiança na verdade. E essa ressalva vale também para certas concepções de vida originárias do Oriente: é que negam à verdade o seu caráter exclusivo, ao partirem do pressuposto de que ela se manifesta de modo igual em doutrinas diversas ou mesmo contraditórias entre si. Nesse horizonte, tudo fica reduzido a mera opinião. Dá a impressão de um movimento ondulatório: enquanto, por um lado, a razão filosófica conseguiu avançar pela estrada que a torna cada vez mais atenta à existência humana e às suas formas de expressão, por outro tende a desenvolver considerações existenciais, hermenêuticas ou lingüísticas que prescindem da questão radical relativa à verdade da vida pessoal, do ser e de Deus. Como conseqüência, despontaram, não só em alguns filósofos mas no homem contemporâneo em geral, atitudes de desconfiança generalizada quanto aos grandes recursos cognoscitivos do ser humano. Com falsa modéstia, contentam-se de verdades parciais e provisórias, deixando de tentar pôr as perguntas radicais sobre o sentido e o fundamento último da vida humana, pessoal e social. Em suma, esmoreceu a esperança de se poder receber da filosofia respostas definitivas a tais questões.

6. Credenciada pelo fato de ser depositária da revelação de Jesus Cristo, a Igreja deseja reafirmar a necessidade da reflexão sobre a verdade. Foi por esse motivo que decidi dirigir-me a vós, venerados Irmãos no Episcopado, com quem partilho a missão de anunciar "abertamente a verdade" (2 Cor 4,2), e dirigir-me também aos teólogos e filósofos a quem compete o dever de investigar os diversos aspectos da verdade, e ainda a quantos andam à procura duma resposta, para comunicar algumas reflexões sobre o caminho que conduz à verdadeira sabedoria, a fim de que todo aquele que tiver no coração o amor por ela possa tomar a estrada certa para a alcan-

çar, e nela encontrar repouso para a sua fadiga e também satisfação espiritual.

Tomo essa iniciativa impelido, antes de mais nada, pela certeza de que os Bispos, como assinala o Concílio Vaticano II, são "testemunhas da verdade divina e católica"[3]. Por isso, testemunhar a verdade é um encargo que nos foi confiado a nós, os Bispos; não podemos renunciar a ele, sem faltar ao ministério que recebemos. Reafirmando a verdade da fé, podemos restituir ao homem de hoje uma genuína confiança nas suas capacidades cognoscitivas e oferecer à filosofia um estímulo para poder recuperar e promover a sua plena dignidade.

Há um segundo motivo que me induz a escrever estas reflexões. Na carta encíclica *Veritatis splendor*, chamei a atenção para "algumas verdades fundamentais da doutrina católica que, no contexto atual, correm o risco de serem deformadas ou negadas"[4]. Com este novo documento, desejo continuar aquela reflexão, concentrando a atenção precisamente sobre o tema da *verdade* e sobre o seu *fundamento* em relação com a *fé*. De fato, não se pode negar que este período, de mudanças rápidas e complexas, deixa sobretudo os jovens, a quem pertence e de quem depende o futuro, com a sensação de estarem privados de pontos de referência autênticos. A necessidade de um alicerce sobre o qual construir a existência pessoal e social faz-se sentir de maneira premente, principalmente quando se é obrigado a constatar o caráter fragmentário de propostas que elevam o efêmero ao nível de valor, iludindo assim a possibilidade de se alcançar o verdadei-

---

3. Const. dogm. sobre a Igreja *Lumen gentium*, 25.
4. N. 4: *AAS* 85 (1993), 1136.

ro sentido da existência. Desse modo, muitos arrastam a sua vida quase até à borda do precipício, sem saber o que os espera. Isso depende também do fato de, às vezes, quem era chamado por vocação a exprimir em formas culturais o fruto da sua reflexão ter desviado o olhar da verdade, preferindo o sucesso imediato ao esforço duma paciente investigação sobre aquilo que merece ser vivido. A filosofia, que tem a grande responsabilidade de formar o pensamento e a cultura por meio do apelo perene à busca da verdade, deve recuperar vigorosamente a sua vocação originária. É por isso que senti a necessidade e o dever de intervir sobre este tema, para que, no limiar do terceiro milênio da era cristã, a humanidade tome consciência mais clara dos grandes recursos que lhe foram concedidos, e se empenhe com renovada coragem no cumprimento do plano de salvação, no qual está inserida a sua história.

CAPÍTULO I

A REVELAÇÃO
DA SABEDORIA DE DEUS

1. Jesus, revelador do Pai

7. Na base de toda a reflexão feita pela Igreja, está a consciência de ser depositária duma mensagem, que tem a sua origem no próprio Deus (cf. 2Cor 4,1-2). O conhecimento que ela propõe ao homem não provém de uma reflexão sua, nem sequer da mais alta, mas de ter acolhido na fé a palavra de Deus (cf. 1Ts 2,13). Na origem do nosso ser crente existe um encontro, único no seu gênero, que assinala a abertura de um mistério escondido durante tantos séculos (cf. 1Cor 2,7; Rm 16,25-26), mas agora revelado: "Aprouve a Deus, na sua bondade e sabedoria, revelar-se a Si mesmo e dar a conhecer o mistério da sua vontade (cf. Ef 1,9), segundo o qual os homens, por meio de Cristo, Verbo encarnado, têm acesso ao Pai no Espírito Santo e se tornam participantes da natureza divina"[5]. Trata-se de uma iniciativa completamente gratuita, que parte de Deus e vem ao encontro da humanidade para a salvar. Enquanto fonte de amor, Deus deseja dar-se a conhecer, e o conhecimento que o homem adquire dele leva à plenitude qualquer outro conhe-

---

5. CONC. ECUM. VAT. II, Const. dogm. sobre a revelação divina *Dei Verbum*, 2.

cimento verdadeiro que a sua mente seja capaz de alcançar sobre o sentido da própria existência.

8. Retomando quase literalmente a doutrina presente na constituição *Dei Filius* do Concílio Vaticano I e tendo em conta os princípios propostos pelo Concílio de Trento, a constituição *Dei Verbum* do Vaticano II continuou aquele caminho plurissecular de *compreensão da fé*, refletindo sobre a Revelação à luz da doutrina bíblica e de toda a tradição patrística. No primeiro Concílio do Vaticano, os Padres tinham sublinhado o caráter sobrenatural da revelação de Deus. A crítica racionalista que então se fazia sentir contra a fé, baseada em teses erradas mas muito difusas, insistia sobre a negação de qualquer conhecimento que não fosse fruto das capacidades naturais da razão. Isso obrigara o Concílio a reafirmar vigorosamente que, além do conhecimento da razão humana, por sua natureza, capaz de chegar ao Criador, existe um conhecimento que é peculiar da fé. Esse conhecimento exprime uma verdade que se funda precisamente no fato de Deus que se revela, e é uma verdade certíssima porque Deus não se engana nem quer enganar[6].

9. Por isso, o Concílio Vaticano I ensina que a verdade alcançada pela via da reflexão filosófica e a verdade da Revelação não se confundem, nem uma torna a outra supérflua: "Existem duas ordens de conhecimento, diversas não apenas pelo seu princípio, mas também pelo objeto. Pelo seu princípio, porque, se num conhecemos pela razão natural, no outro o fazemos por meio da fé divina; pelo objeto, porque, além das verdades que a razão natu-

---

6. Cf. Const. dogm. sobre a fé católica *Dei Filius*, III: *DS* 3008.

ral pode compreender, nos é proposto ver os mistérios escondidos em Deus, que só podem ser conhecidos se nos forem revelados do Alto"[7]. A fé, que se fundamenta no testemunho de Deus e conta com a ajuda sobrenatural da graça, pertence efetivamente a uma ordem de conhecimento diversa da do conhecimento filosófico. De fato, este assenta sobre a percepção dos sentidos, sobre a experiência, e move-se apenas com a luz do intelecto. A filosofia e as ciências situam-se na ordem da razão natural, enquanto a fé, iluminada e guiada pelo Espírito, reconhece na mensagem da salvação a "plenitude de graça e de verdade" (cf. Jo 1,14) que Deus quis revelar na história, de maneira definitiva, por meio do seu Filho Jesus Cristo (cf. 1Jo 5,9; Jo 5,31-32).

10. No Concílio Vaticano II, os Padres, fixando a atenção sobre Jesus revelador, ilustraram o caráter salvífico da revelação de Deus na história e exprimiram a sua natureza do seguinte modo: "Em virtude dessa revelação, Deus invisível (cf. Cl 1,15; 1Tm 1,17), na riqueza do seu amor, fala aos homens como amigos (cf. Ex 33,11; Jo 15,14-15) e convive com eles (cf. Br 3,38), para os convidar e admitir à comunhão com Ele. Essa economia da Revelação realiza-se por meio de ações e palavras intimamente relacionadas entre si, de tal maneira que as obras, realizadas por Deus na história da salvação, manifestam e confirmam a doutrina e as realidades significadas pelas palavras; e as palavras, por sua vez, declaram as obras e esclarecem o mistério nelas contido. Porém, a verdade

---

7. Ibid., IV: *DS* 3015; citado também em Conc. Ecum. Vat. II, Const. past. sobre a Igreja no mundo contemporâneo *Gaudium et spes*, 59.

profunda tanto a respeito de Deus como a respeito da salvação dos homens nos é manifestada, por esta Revelação, em Cristo, que é simultaneamente o mediador e a plenitude de toda a revelação"[8].

11. Assim, a revelação de Deus entrou no tempo e na história. Mais, a encarnação de Jesus Cristo realiza-se na "plenitude dos tempos" (Gl 4,4). À distância de dois mil anos desse acontecimento, sinto o dever de reafirmar intensamente que, "no cristianismo, o tempo tem uma importância fundamental"[9]. Com efeito, é nele que tem lugar toda a obra da criação e da salvação, e sobretudo merece destaque o fato de que, com a encarnação do Filho de Deus, vivemos e antecipamos desde já aquilo que se seguirá ao fim dos tempos (cf. Hb 1,2).

A verdade que Deus confiou ao homem a respeito de si mesmo e da sua vida insere-se, portanto, no tempo e na história. Sem dúvida, aquela foi pronunciada uma vez por todas no mistério de Jesus de Nazaré. Afirma-o, com palavras muito expressivas, a constituição *Dei Verbum*: "Depois de ter falado muitas vezes e de muitos modos pelos profetas, falou-nos Deus nestes nossos dias, que são os últimos, por meio de seu Filho (Hb 1,1-2). Com efeito, enviou o seu Filho, isto é, o Verbo eterno, que ilumina todos os homens, para habitar entre os homens e manifestar-lhes a vida íntima de Deus (cf. Jo 1,1-18). Jesus Cristo, Verbo feito carne, enviado como homem para os homens, "fala, portanto, as palavras de Deus" (Jo 3,34) e consuma a

---

8. Const. dogm. sobre a revelação divina *Dei Verbum*, 2.

9. João Paulo II, Carta ap. *Tertio millennio adveniente* (10 de Novembro de 1994), 10: *AAS* 87 (1995), 11.

obra de salvação que o Pai lhe mandou realizar (cf. Jo 5,36; 17,4). Por isso, ele — ver a ele é ver o Pai (cf. Jo 14,9) —, com toda a sua presença e manifestação da sua pessoa, com palavras e obras, sinais e milagres, e sobretudo com a sua morte e gloriosa ressurreição, e enfim, com o envio do Espírito de verdade, completa totalmente e confirma com o testemunho divino a Revelação"[10].

Assim, a história constitui um caminho que o Povo de Deus há de percorrer inteiramente, de tal modo que a verdade revelada possa exprimir em plenitude os seus conteúdos, graças à ação incessante do Espírito Santo (cf. Jo 16,13). Ensina-o também a constituição *Dei Verbum*, quando afirma que "a Igreja, no decurso dos séculos, tende continuamente para a plenitude da verdade divina, até que nela se realizem as palavras de Deus"[11].

12. A história torna-se, assim, o lugar onde podemos constatar a ação de Deus em favor da humanidade. Ele vem ter conosco, servindo-se daquilo que nos é mais familiar e mais fácil de verificar, ou seja, o nosso contexto quotidiano, fora do qual não conseguiríamos entender-nos.

A encarnação do Filho de Deus permite ver realizada uma síntese definitiva que a mente humana, por si mesma, nem sequer poderia imaginar: o Eterno entra no tempo, o Tudo esconde-se no fragmento, Deus assume o rosto do homem. Desse modo, a verdade expressa na revelação de Cristo deixou de estar circunscrita a um restrito âmbito territorial e cultural, abrindo-se a todo homem e mulher que a queira acolher como palavra defini-

---
10. N. 4.
11. N. 8.

tivamente válida para dar sentido à existência. Agora todos têm acesso ao Pai, em Cristo; de fato, com a sua morte e ressurreição, ele concedeu-nos a vida divina que o primeiro Adão havia rejeitado (cf. Rm 5,12-15). Com essa Revelação, é oferecida ao homem a verdade última a respeito da própria vida e do destino da história: "Na realidade, o mistério do homem só no mistério do Verbo encarnado se esclarece verdadeiramente", afirma a constituição *Gaudium et spes*[12]. Fora dessa perspectiva, o mistério da existência pessoal permanece um enigma insolúvel. Onde poderia o homem procurar resposta para questões tão dramáticas como a dor, o sofrimento do inocente e a morte, a não ser na luz que dimana do mistério da paixão, morte e ressurreição de Cristo?

2. *A razão perante o mistério*

13. Entretanto, não se pode esquecer que a Revelação permanece envolvida no mistério. Jesus, com toda a sua vida, revela seguramente o rosto do Pai, porque ele veio para manifestar os segredos de Deus[13]; e contudo, o conhecimento que possuímos daquele rosto, está marcado sempre pelo caráter parcial e limitado da nossa compreensão. Somente a fé permite entrar dentro do mistério, proporcionando uma sua compreensão coerente.

O Concílio ensina que "a Deus que revela, é devida a obediência da fé"[14]. Com essa breve mas densa afirma-

---

12. N. 22.
13. Cf. CONC. ECUM. VAT. II, Const. dogm. sobre a revelação divina *Dei Verbum*, 4.
14. Ibid., 5.

ção, é indicada uma verdade fundamental do cristianismo. Diz-se, em primeiro lugar, que a fé é uma resposta de obediência a Deus. Isso implica que ele seja reconhecido na sua divindade, transcendência e liberdade suprema. Deus, que se dá a conhecer na autoridade da sua transcendência absoluta, traz consigo também a credibilidade dos conteúdos que revela. Pela fé, o homem presta *assentimento* a esse testemunho divino. Isso significa que reconhece plena e integralmente a verdade de tudo o que foi revelado, porque é o próprio Deus que o garante. Essa verdade, oferecida ao homem sem que ele a possa exigir, insere-se no horizonte da comunicação interpessoal e impele a razão a abrir-se a esta e a acolher o seu sentido profundo. É por isso que o ato pelo qual nos entregamos a Deus sempre foi considerado pela Igreja como um momento de opção fundamental, que envolve a pessoa inteira. Inteligência e vontade põem em ação o melhor da sua natureza espiritual, para consentir que o sujeito realize um ato no pleno exercício da sua liberdade pessoal[15]. Na fé, portanto, não basta a liberdade estar presente, exige-se que entre em ação. Mais, é a fé que permite a cada um exprimir, do melhor modo, a sua própria liberdade. Em outras palavras, a liberdade não se realiza nas opções contra Deus. Na verdade, como poderia ser considerado um uso autêntico da liberdade, a recusa de se abrir àquilo

---

15. O Concílio Vaticano I, ao qual se refere a sentença anteriormente citada, ensina que a obediência da fé exige o empenho da inteligência e da vontade: "Dado que o homem depende totalmente de Deus, enquanto seu Criador e Senhor, e a razão criada está submetida completamente à verdade incriada, somos obrigados, quando Deus Se revela, a prestar-lhe, mediante a fé, a plena submissão da nossa inteligência e da nossa vontade" [Const. dogm. sobre a fé católica *Dei Filius*, III: *DS* 3008].

que permite a realização de si mesmo? No acreditar é que a pessoa realiza o ato mais significativo da sua existência; de fato, nele a liberdade alcança a certeza da verdade e decide viver nela.

Em auxílio da razão, que procura a compreensão do mistério, vêm também os sinais presentes na Revelação. Estes servem para conduzir mais longe a busca da verdade e permitir que a mente possa autonomamente investigar inclusive dentro do mistério. De qualquer modo, se, por um lado, esses sinais dão maior força à razão, porque lhe permitem pesquisar dentro do mistério com os seus próprios meios, de que ela justamente se sente ciosa, por outro lado, impelem-na a transcender a sua realidade de sinais para apreender o significado ulterior de que eles são portadores. Portanto, já há neles uma verdade escondida, para a qual encaminham a mente e da qual esta não pode prescindir sem destruir o próprio sinal que lhe foi proposto.

Chega-se, assim, ao horizonte *sacramental* da Revelação e de forma particular ao sinal eucarístico, em que a união indivisível entre a realidade e o respectivo significado permite identificar a profundidade do mistério. Na Eucaristia, Cristo está verdadeiramente presente e vivo, atua pelo seu Espírito, mas, como justamente diz santo Tomás, "nada vês nem compreendes, mas te afirma a fé mais viva, para além das leis da Terra. Sob espécies diferentes, que não passam de sinais, é que está o dom de Deus"[16]. Temos um eco disso mesmo nas seguintes palavras do filósofo Pascal: "Como Jesus Cristo passou des-

---

16. *Seqüência*, na Solenidade do Santíssimo Corpo e Sangue de Cristo.

percebido no meio dos homens, assim a sua verdade permanece, entre as opiniões comuns, sem diferença exterior. O mesmo se dá com a Eucaristia relativamente ao pão comum"[17].

Em resumo, o conhecimento da fé não anula o mistério; torna-o apenas mais evidente e apresenta-o como um fato essencial para a vida do homem: Cristo Senhor, "na própria revelação do mistério do Pai e do seu amor, revela o homem a si mesmo e descobre-lhe a sua vocação sublime"[18], que é participar no mistério da vida trinitária de Deus[19].

14. A doutrina do primeiro e segundo Concílio do Vaticano abre um horizonte verdadeiramente novo também ao saber filosófico. A Revelação coloca dentro da história um ponto de referência de que o homem não pode prescindir, se quiser chegar a compreender o mistério da sua existência; mas, por outro lado, esse conhecimento apela constantemente para o mistério de Deus que a mente não consegue abarcar, mas apenas receber e acolher na fé. Entre esses dois momentos, a razão possui o seu espaço peculiar que lhe permite investigar e compreender, sem ser limitada por nada mais que a sua finitude ante o mistério infinito de Deus.

A Revelação introduz, portanto, na nossa história uma verdade universal e última que leva a mente do ho-

---

17. *Pensées* (ed. L. Brunschvicg), 789.
18. CONC. ECUM. VAT. II, Const. past. sobre a Igreja no mundo contemporâneo *Gaudium et spes*, 22.
19. Cf. CONC. ECUM. VAT. II, Const. dogm. sobre a revelação divina *Dei Verbum*, 2.

mem a nunca mais se deter; antes, impele-a a ampliar continuamente os espaços do próprio conhecimento até sentir que realizou tudo o que estava ao seu alcance, sem nada descurar. Ajuda-nos, nesta reflexão, uma das inteligências mais fecundas e significativas da história da humanidade, à qual obrigatoriamente fazem referência a filosofia e a teologia: santo Anselmo. Na sua obra, *Proslogion*, o Arcebispo de Cantuária exprime-se assim: "Detendo-me com freqüência e atenção a pensar neste problema, sucedia umas vezes que me parecia estar para agarrar o que buscava, outras vezes, pelo contrário, furtava-se completamente ao meu pensamento; até que finalmente, desesperado de o poder achar, decidi deixar de procurar algo que me era impossível encontrar. Mas, quando quis afastar de mim tal pensamento para que a sua ocupação da minha mente não me alheasse de outros problemas de que podia tirar algum proveito, foi então que começou a apresentar-se cada vez mais teimoso. (...) Mas, pobre de mim, um dos pobres filhos de Eva, longe de Deus, o que é que comecei a fazer e o que é que consegui? O que é que visava e a que ponto cheguei? A que é que aspirava e por que é que suspiro? (...) ó Senhor, Vós não sois apenas algo acerca do qual não se pode pensar nada de maior (*non solum es quo maius cogitari nequit*), mas sois maior de tudo o que se possa pensar (*quiddam maius quam cogitari possit*) (...). Se não fôsseis o que sois, poder-se-ia pensar algo maior do que Vós, mas isso é impossível"[20].

15. A verdade da revelação cristã, que se encontra em Jesus de Nazaré, permite a quem quer que seja perceber o

---

20. Proêmio e nn. 1 e 15: *PL* 158, 223-224.226.235.

"mistério" da própria vida. Enquanto verdade suprema, ao mesmo tempo que respeita a autonomia da criatura e a sua liberdade, obriga-a a abrir-se à transcendência. Aqui, a relação entre liberdade e verdade atinge o seu máximo grau, podendo-se compreender plenamente esta palavra do Senhor: "Conhecereis a verdade e a verdade vos libertará" (Jo 8,32).

A revelação cristã é a verdadeira estrela de orientação para o homem, que avança por entre os condicionalismos da mentalidade imanentista e os reducionismos duma lógica tecnocrática; é a última possibilidade oferecida por Deus, para reencontrar em plenitude aquele projeto primordial de amor que teve início com a criação. Ao homem ansioso de conhecer a verdade — se ainda é capaz de ver para além de si mesmo e levantar os olhos acima dos seus próprios projetos —lhe é concedida a possibilidade de recuperar a genuína relação com a sua vida, seguindo o caminho da verdade. Pode-se aplicar a essa situação as seguintes palavras do Deuteronômio: "A lei que hoje te imponho não está acima das tuas forças nem fora do teu alcance. Não está no céu, para que digas: "Quem subirá por nós ao céu e nos irá buscar?" Não está tão pouco do outro lado do mar, para que digas: "Quem atravessará o mar para nos buscar e nos fazer ouvir para que a observemos?" Não, ela está muito perto de ti: está na tua boca e no teu coração; e tu podes cumpri-la" (30, 11-14). Temos um eco deste texto no famoso pensamento do filósofo e teólogo santo Agostinho: *"Noli foras ire, in te ipsum redi. In interiore homine habitat veritas"*[21].

---

21. *De vera religione*, XXXIX, 72: *CCL* 32, 234.

À luz dessas considerações, impõe-se uma primeira conclusão: a verdade que a Revelação nos dá a conhecer não é o fruto maduro ou o ponto culminante dum pensamento elaborado pela razão. Pelo contrário, aquela apresenta-se com a característica da gratuidade, obriga a pensá-la, e pede para ser acolhida, como expressão de amor. Essa verdade revelada é a presença antecipada na nossa história daquela visão última e definitiva de Deus, que está reservada para quantos acreditam nele ou o procuram de coração sincero. Assim, o fim último da existência pessoal é objeto de estudo quer da filosofia, quer da teologia. Embora com meios e conteúdos diversos, ambas apontam para aquele "caminho da vida" (Sl 16/ 15,11) que, segundo nos diz a fé, tem o seu termo último de chegada na alegria plena e duradoura da contemplação de Deus Uno e Trino.

CAPÍTULO II

CREDO UT INTELLEGAM

*1. "A sabedoria sabe e compreende
todas as coisas"* (*Sb* 9, 11)

16. Quão profunda seja a ligação entre o conhecimento da fé e o da razão, já a Sagrada Escritura nos indica com elementos de uma clareza surpreendente. Comprovam-no sobretudo os *Livros Sapienciais*. O que impressiona na leitura, feita sem preconceitos, dessas páginas da Sagrada Escritura é o fato de estes textos conterem não apenas a fé de Israel, mas também o tesouro de civilizações e culturas já desaparecidas. Como se de um desígnio particular se tratasse, o Egito e a Mesopotâmia fazem ouvir novamente a sua voz, e alguns traços comuns das culturas do Antigo Oriente ressurgem nestas páginas ricas de intuições singularmente profundas.

Não é por acaso que o autor sagrado, ao querer descrever o homem sábio, o apresenta como aquele que ama e busca a verdade: "Feliz o homem que é constante na sabedoria, e que discorre com a sua inteligência; que repassa no seu coração os caminhos da sabedoria, e que penetra no conhecimento dos seus segredos; vai atrás dela como quem lhe segue o rastro, e permanece nos seus caminhos; olha pelas suas janelas, e escuta às suas portas; repousa junto da sua morada, e fixa um pilar nas suas paredes; levanta a sua tenda junto dela, e estabelece ali agradável morada; coloca os seus filhos debaixo da sua proteção, e ele mesmo morará debaixo dos seus ramos; à sua sombra estará defendido do calor, e repousará na sua glória" (Eclo 14,20-27).

Para o autor inspirado, como se vê, o desejo de conhecer é uma característica comum a todos os homens. Graças à inteligência, é dada a todos, fiéis e não-fiéis, a possibilidade de "saciarem-se nas águas profundas" do conhecimento (cf. Pr 20,5). Seguramente, no Antigo Israel, o conhecimento do mundo e dos seus fenômenos não se realizava pela via da abstração, como já o fazia o filósofo jônico ou o sábio egípcio. E menos ainda podia o bom israelita conceber o conhecimento nos parâmetros próprios da época moderna, mais propensa à subdivisão do saber. Apesar disso, o mundo bíblico fez confluir, para o grande mar da teoria do conhecimento, o seu contributo original.

Qual? O caráter peculiar do texto bíblico reside na convicção de que existe uma unidade profunda e indivisível entre o conhecimento da razão e o da fé. O mundo e o que nele acontece, assim como a história e as diversas vicissitudes da nação, são realidades observadas, analisadas e julgadas com os meios próprios da razão, mas sem deixar a fé alheia a esse processo. Esta não intervém para humilhar a autonomia da razão, nem para reduzir o seu espaço de ação, mas apenas para fazer compreender ao homem que, em tais acontecimentos, se torna visível e atua o Deus de Israel. Assim, não é possível conhecer profundamente o mundo e os fatos da história sem ao mesmo tempo professar a fé em Deus que neles atua. A fé aperfeiçoa o olhar interior, abrindo a mente para descobrir, no curso dos acontecimentos, a presença operante da Providência. A tal propósito, é significativa uma expressão do livro dos Provérbios: "A mente do homem dispõe o seu caminho, mas é o Senhor quem dirige os seus passos" (16,9). É como se dissesse que o homem, pela luz da razão, pode reconhecer a sua estrada, mas percorrê-la de maneira decidida, sem obstáculos e até ao fim, ele só o consegue se, de ânimo reto, integrar a sua pesquisa no horizonte da fé. Por isso, a razão e a fé não podem ser separadas, sem fazer com que o homem perca a possibilidade de conhecer de modo adequado a si mesmo, o mundo e Deus.

17. Não há motivo para existir concorrência entre a razão e a fé: uma implica a outra, e cada qual tem o seu espaço próprio de realização. Aponta nessa direção o livro dos Provérbios, quando exclama: "A glória de Deus é encobrir as coisas, e a glória dos reis é investigá-las" (25,2). Deus e o homem estão colocados em seu respectivo mundo, numa relação única. Em Deus reside a origem de tudo, nele se encerra a plenitude do mistério, e isso constitui a sua glória; ao homem, pelo contrário, compete o dever de investigar a verdade com a razão, e nisso está a sua nobreza. Um novo ladrilho é colocado neste mosaico pelo Salmista, quando diz: "Quão insondáveis são para mim, ó Deus, vossos pensamentos! Quão imenso o seu número! Quisera contá-los, são mais que as areias; se pudesse chegar ao fim, estaria ainda convosco" (139/138, 17-18). O desejo de conhecer é tão grande e comporta tal dinamismo que o coração do homem, ao tocar o limite intransponível, suspira pela riqueza infinita que se encontra para além deste, por intuir que nela está contida a resposta cabal para toda a questão ainda sem resposta.

18. Podemos, pois, dizer que Israel, com a sua reflexão, soube abrir à razão o caminho para o mistério. Na revelação de Deus, pôde sondar em profundidade aquilo que a razão estava procurando alcançar sem o conseguir. A partir dessa forma mais profunda de conhecimento, o Povo eleito compreendeu que a razão deve respeitar algumas regras fundamentais, para manifestar do melhor modo possível a própria natureza. A primeira regra é ter em conta que o conhecimento do homem é um caminho que não permite descanso; a segunda nasce da consciência de que não se pode percorrer tal caminho com o orgulho de quem pensa que tudo seja fruto de conquista pessoal; a terceira regra funda-se no "temor de Deus", de quem a razão deve reconhecer tanto a transcendência soberana como o amor solícito no governo do mundo.

Quando o homem se afasta dessas regras, corre o risco de falimento e acaba por encontrar-se na condição do "insensato". Segundo a Bíblia, nessa insensatez encerra-se uma ameaça à vida. É que o insensato ilude-se pensando que conhece muitas coisas, mas, de fato, não é capaz de fixar o olhar nas realidades essenciais. E isso impede-lhe de pôr ordem na sua mente (cf. Pr 1,7) e de assumir uma atitude correta para consigo mesmo e o ambiente circundante. Quando, depois, chega a afirmar que "Deus não existe" (cf. Sl 14/13, 1), isso revela, com absoluta clareza, quanto é deficiente o seu conhecimento e quão distante está da verdade plena a respeito das coisas, da sua origem e do seu destino.

19. Encontramos, no livro da Sabedoria, alguns textos importantes que iluminam ainda melhor esse assunto. Lá, o autor sagrado fala de Deus que se dá a conhecer tam-

bém por meio da natureza. Para os antigos, o estudo das ciências naturais coincidia, em grande parte, com o saber filosófico. Depois de ter afirmado que o homem, com a sua inteligência, é capaz de "conhecer a constituição do universo e a força dos elementos (...), o ciclo dos anos e a posição dos astros, a natureza dos animais mansos e os instintos dos animais ferozes" (Sb 7,17.19-20), por outras palavras, que o homem é capaz de filosofar, o texto sagrado dá um passo em frente muito significativo. Retomando o pensamento da filosofia grega, à qual parece referir-se nesse contexto o autor afirma que, raciocinando precisamente sobre a natureza, pode-se chegar ao Criador: "Pela grandeza e beleza das criaturas, pode-se, por analogia, chegar ao conhecimento do seu Autor" (Sb 13,5). Reconhece-se, assim, um primeiro nível da revelação divina, constituído pelo maravilhoso "livro da natureza"; lendo-o com os meios próprios da razão humana, pode-se chegar ao conhecimento do Criador. Se o homem, com a sua inteligência, não chega a reconhecer Deus como criador de tudo, fica-se devendo isso não tanto à falta de um meio adequado, como sobretudo ao obstáculo interposto pela sua vontade livre e pelo seu pecado.

20. Nessa perspectiva, a razão é valorizada, mas não superexaltada. O que ela alcança pode ser verdade, mas só adquire pleno significado se o seu conteúdo for situado num horizonte mais amplo, o da fé: "O Senhor é quem dirige os passos do homem; como poderá o homem compreender o seu próprio destino?" (Pr 20,24). A fé, segundo o Antigo Testamento, liberta a razão, na medida em que lhe permite alcançar coerentemente o seu objeto de conhecimento e situá-lo naquela ordem suprema em que tudo adquire sentido. Em resumo, pela razão o homem

alcança a verdade, porque, iluminado pela fé, descobre o sentido profundo de tudo e, particularmente, da própria existência. Justamente, pois, o autor sagrado coloca o início do verdadeiro conhecimento no temor de Deus: "O temor do Senhor é o princípio da sabedoria" (Pr 1,7; cf. Eclo 1,14).

2. "*Adquire a sabedoria, adquire a inteligência*" (Pr 4, 5)

21. Segundo o Antigo Testamento, o conhecimento não se baseia apenas numa atenta observação do homem, do mundo e da história, mas supõe como indispensável também uma relação com a fé e os conteúdos da Revelação. Aqui se concentram os desafios que o Povo Eleito teve de enfrentar e a que deu resposta. Ao refletir sobre esta sua condição, o homem bíblico descobriu que não se podia compreender senão como "ser em relação": relação consigo mesmo, com o povo, com o mundo e com Deus. Essa abertura ao mistério, que provinha da Revelação, acabou por ser, para ele, a fonte de um verdadeiro conhecimento, que permitiu à sua razão aventurar-se em espaços infinitos, recebendo inesperadas possibilidades de compreensão.

Segundo o autor sagrado, o esforço da investigação não estava isento da fadiga causada pelo embate nas limitações da razão. Sente-se isso mesmo, por exemplo, nas palavras com que o livro dos Provérbios denuncia o cansaço provado ao tentar compreender os misteriosos desígnios de Deus (cf. 30,1-6). Todavia, apesar da fadiga, o fiel não desiste. E a força para continuar o seu caminho rumo à verdade provém da certeza de que Deus o criou como um "explorador" (cf. Ecl 1,13), cuja missão é não deixar nada sem tentar, não obstante a contínua chantagem da dúvida. Apoiando-se em Deus, o fiel permanece, em toda parte e sempre, inclinado para o que é belo, bom e verdadeiro.

22. São Paulo, no primeiro capítulo da carta aos Romanos, ajuda-nos a avaliar melhor quanto seja incisiva a reflexão dos Livros Sapienciais. Desenvolvendo com linguagem popular uma argumentação filosófica, o Apóstolo exprime uma verdade profunda: por meio da criação, os "olhos da mente" podem chegar ao conhecimento de Deus. Efetivamente, por meio das criaturas, ele faz intuir à razão o seu "poder" e a sua "divindade" (cf. Rm 1,20). Desse modo, é atribuída à razão humana uma capacidade tal que parece quase superar os seus próprios limites naturais: não só ultrapassa o âmbito do conhecimento sensorial, visto que lhe é possível refletir criticamente sobre o mesmo, mas, raciocinando a partir dos dados dos sentidos, pode chegar também à causa que está na origem de toda a realidade sensível. Em terminologia filosófica, podemos dizer que, nesse significativo texto paulino, está afirmada a capacidade metafísica do homem.

Segundo o Apóstolo, no projeto originário da criação estava prevista a capacidade de a razão ultrapassar comodamente o dado sensível para alcançar a origem mesma de tudo: o Criador. Como resultado da desobediência com que o homem escolheu colocar-se em plena e absoluta autonomia em relação àquele que o tinha criado, perdeu tal facilidade de acesso a Deus criador.

O livro do Gênesis descreve de maneira figurada essa condição do homem, quando narra que Deus o colocou no jardim do Éden, tendo no centro "a árvore da ciência do bem e do mal" (2,17). O símbolo é claro: o homem não era capaz de discernir e decidir, por si só, aquilo que era bem e o que era mal, mas devia apelar-se a um princípio superior. A cegueira do orgulho iludiu os nossos primeiros pais de que eram soberanos e autônomos, podendo prescindir do conhecimento vindo de Deus. Nessa desobediência original, eles implicaram todo homem e mulher, causando à razão traumas sérios que haveriam de dificultar-lhe, daí em diante, o caminho para a verdade plena. Agora a capacidade humana de conhecer a verdade aparece ofuscada pela aversão contra aquele que é fonte e origem da verdade. O próprio apóstolo são Paulo nos revela como, por causa do pecado, os pensamentos dos homens se tornaram "vãos" e os seus arrazoados tortuosos e falsos (cf. Rm 1,21-22). Os olhos da mente deixaram de ser capazes de ver claramente: a razão foi progressivamente ficando prisioneira de si mesma. A vinda de Cristo foi o acontecimento de salvação que redimiu a razão da sua fraqueza, libertando-a dos grilhões aos quais ela mesma se tinha algemado.

23. Desse modo, a relação do cristão com a filosofia requer um discernimento radical. No Novo Testamento, especialmente nas cartas de são Paulo, aparece claramente este dado: a contraposição entre "a sabedoria deste mundo" e a sabedoria de Deus revelada em Jesus Cristo. A profundidade da sabedoria revelada rompe o círculo dos nossos esquemas de reflexão habituais, que não são minimamente capazes de exprimi-la de forma adequada.

O início da primeira carta aos Coríntios apresenta radicalmente esse dilema. O Filho de Deus crucificado é o acontecimento histórico contra o qual se desfaz toda a tentativa da mente para construir, sobre razões puramente humanas, uma justificação suficiente do sentido da existência. O verdadeiro ponto nodal, que desafia qualquer filosofia, é a morte de Jesus Cristo na cruz. Aqui, de fato, qualquer tentativa de reduzir o plano salvífico do Pai a mera lógica humana está destinada à falência. "Onde está o sábio? Onde está o erudito? Onde está o investigador deste século? Porventura, Deus não considerou louca a sabedoria deste mundo?" (1Cor 1,20) — interroga-se enfaticamente o Apóstolo. Para aquilo que Deus quer realizar, não basta a simples sabedoria do homem sábio, requer-se um passo decisivo que leve ao acolhimento duma novidade radical: "O que é louco segundo o mundo é que Deus escolheu para confundir os sábios (...). O que é vil e desprezível no mundo, é que Deus escolheu, como também aquelas coisas que nada são, para destruir as que são" (1Cor 1,27-28). A sabedoria do homem recusa ver na própria fragilidade o pressuposto da sua força; mas são Paulo não hesita em afirmar: "Quando me sinto fraco, então é que sou forte" (2Cor 12,10). O homem não consegue compreender como pode a morte ser fonte de vida e de amor, mas Deus, para revelar o mistério do seu desígnio salvador, escolheu precisamente o que a razão considera "loucura" e "escândalo". Usando a linguagem dos filósofos do seu tempo, Paulo chega ao clímax da sua doutrina e do paradoxo que quer exprimir: "Deus escolheu, no mundo, aquelas coisas que nada são, para destruir as que são" (cf. 1Cor 1,28). Para exprimir o caráter gratuito do amor revelado na cruz de Cristo, o Apóstolo não tem medo de usar a linguagem mais radical que os filósofos empregavam nas suas reflexões a respeito de Deus. A razão não pode esgotar o mistério de amor que a

Cruz representa, mas a Cruz pode dar à razão a resposta última que esta procura. São Paulo coloca, não a sabedoria das palavras, mas a Palavra da Sabedoria como critério, simultaneamente, de verdade e de salvação.

Por conseguinte, a sabedoria da Cruz supera qualquer limite cultural que se lhe queira impor, obrigando a abrir-se à universalidade da verdade de que é portadora. Como é grande o desafio lançado à nossa razão e como são enormes as vantagens que terá, se ela se render! A filosofia, que por si mesma já é capaz de reconhecer a necessidade do homem se transcender continuamente na busca da verdade, pode, ajudada pela fé, abrir-se para, na "loucura" da Cruz, acolher como genuína a crítica a quantos se iludem de possuir a verdade, encalhando-a nas sirtes dum sistema próprio. A relação entre a fé e a filosofia encontra, na pregação de Cristo crucificado e ressuscitado, o escolho contra o qual pode naufragar, mas também para além do qual pode desembocar no oceano ilimitado da verdade. Aqui é evidente a fronteira entre a razão e a fé, mas torna-se claro também o espaço onde as duas se podem encontrar.

CAPÍTULO III

INTELLEGO UT CREDAM

1. Caminhar à procura da verdade

24.   Nos Atos dos Apóstolos, o evangelista Lucas narra a chegada de Paulo a Atenas, numa das suas viagens missionárias. A cidade dos filósofos estava cheia de estátuas, que representavam vários ídolos; e chamou-lhe a atenção um altar, que Paulo prontamente aproveitou como motivo e base comum para iniciar o anúncio do querima: "Atenienses — disse ele —, vejo que sois, em tudo, os mais religiosos dos homens. Percorrendo a vossa cidade e examinando os vossos monumentos sagrados, até encontrei um altar com esta inscrição: "Ao Deus desconhecido". Pois bem! O que venerais sem conhecer, é que eu vos anuncio" (At 17,22-23). Partindo daqui, são Paulo fala-lhes de Deus enquanto criador, como Aquele que tudo transcende e a tudo dá vida. Depois continua o seu discurso, dizendo: "Fez a partir de um só homem todo o gênero humano, para habitar em toda a face da Terra; e fixou a seqüência dos tempos e os limites para a sua habitação, a fim de que os homens procurem a Deus e se esforcem por encontrá-lo, mesmo tateando, embora não se encontre longe de cada um de nós" (At 17,26-27).

O Apóstolo põe em destaque uma verdade que a Igreja sempre guardou no seu tesouro: no mais fundo do coração do homem, foi semeado o desejo e a nostalgia de

Deus. Recorda-o a liturgia de Sexta-feira Santa, quando, convidando a rezar pelos que não crêem, diz: "Deus eterno e onipotente, criastes os homens para que vos procurem, de modo que só em vós descansa o seu coração"[22]. Existe, portanto, um caminho que o homem, se quiser, pode percorrer; o seu ponto de partida está na capacidade de a razão superar o contingente para se estender até ao infinito.

De vários modos e em tempos diversos, o homem demonstrou que conseguia dar voz a esse seu desejo íntimo. A literatura, a música, a pintura, a escultura, a arquitetura e outras realizações da sua inteligência criadora tornaram-se canais de que ele se serviu para exprimir esta sua ansiosa procura. Mas foi sobretudo a filosofia que, de modo peculiar, recolheu este movimento, exprimindo, com os meios e segundo as modalidades científicas que lhe são próprias, esse desejo universal do homem.

25. "Todos os homens desejam saber"[23], e o objeto próprio desse desejo é a verdade. A própria vida quotidiana demonstra o interesse que tem cada um em descobrir, para além do que ouve, a realidade das coisas. Em toda a criação visível, o homem é o único ser que é capaz não só de saber, mas também de saber que sabe, e por isso se interessa pela verdade real daquilo que vê. Ninguém pode sinceramente ficar indiferente quanto à verdade do seu saber. Se descobre que é falso, rejeita-o; se, pelo contrário, consegue certificar-se da sua verdade, sente-se satis-

---

22. "Ut te semper desiderando quærerent et inveniendo quiescerent": *Missale Romanum*.

23. Aristóteles, *Metafísica*, I, 1.

feito. É a lição que nos dá santo Agostinho, quando escreve: "Encontrei muitos com desejos de enganar outros, mas não encontrei ninguém que quisesse ser enganado"[24]. Considera-se, justamente, que uma pessoa alcançou a idade adulta, quando consegue discernir, por seus próprios meios, entre aquilo que é verdadeiro e o que é falso, formando um juízo pessoal sobre a realidade objetiva das coisas. Está aqui o motivo de muitas pesquisas, particularmente no campo das ciências, que levaram, nos últimos séculos, a resultados tão significativos, favorecendo realmente o progresso da humanidade inteira.

E a pesquisa é tão importante no campo teórico, como no âmbito prático: ao referir-me a este, desejo aludir à procura da verdade a respeito do bem que se deve realizar. Com efeito, graças precisamente ao agir ético, a pessoa, se atuar segundo a sua livre e reta vontade, entra pela estrada da felicidade e encaminha-se para a perfeição. Também neste caso, está em questão a verdade. Reafirmei esta convicção na carta encíclica *Veritatis splendor*: "Não há moral sem liberdade (...). Se existe o direito de ser respeitado no próprio caminho em busca da verdade, há ainda antes a obrigação moral grave para cada um de procurar a verdade e de aderir a ela, uma vez conhecida"[25].

Por isso, é necessário que os valores escolhidos e procurados na vida sejam verdadeiros, porque só estes é que podem aperfeiçoar a pessoa, realizando a sua natureza. Não é fechando-se em si mesmo que o homem encontra essa verdade dos valores, mas abrindo-se para a rece-

---

24. *Confessiones*, X, 23, 33: *CCL* 27,173.
25. N. 34: *AAS* 85 (1993), 1161.

ber mesmo de dimensões que o transcendem. Essa é uma condição necessária para que cada um se torne ele mesmo e cresça como pessoa adulta e madura.

26. A princípio, a verdade apresenta-se ao homem sob forma interrogativa: *A vida tem um sentido? Para onde se dirige?* À primeira vista, a existência pessoal poderia aparecer radicalmente sem sentido. Não é preciso recorrer aos filósofos do absurdo, nem às perguntas provocatórias que se encontram no livro de Jó para duvidar do sentido da vida. A experiência quotidiana do sofrimento, pessoal e alheio, e a observação de muitos fatos, que à luz da razão se revelam inexplicáveis, bastam para tornar iniludível um problema tão dramático como é a questão do sentido da vida[26]. A isso se deve acrescentar que a primeira verdade absolutamente certa da nossa existência, para além do fato de existirmos, é a inevitabilidade da morte. Perante um dado tão desconcertante como este, impõe-se a busca de uma resposta exaustiva. Cada um quer, e deve, conhecer a verdade sobre o seu fim. Quer saber se a morte será o termo definitivo da sua existência, ou se algo permanece para além da morte; se pode esperar uma vida posterior, ou não. É significativo que o pensamento filosófico tenha recebido, da morte de Sócrates, uma orientação decisiva que o marcou durante mais de dois milênios. Certamente não é por acaso que os filósofos, perante a realidade da morte, sempre voltam a pôr-se esse problema, associado à questão do sentido da vida e da imortalidade.

---

26. Cf. JOÃO PAULO II, Carta ap. *Salvifici doloris* (11 de fevereiro de 1984), 9: *AAS* 76 (1984), 209-210.

27. A tais questões, não pode esquivar-se ninguém — nem o filósofo, nem o homem comum. E, da resposta que se lhes der, deriva uma orientação decisiva da investigação: a possibilidade, ou não, de alcançar uma verdade universal. Por si mesma qualquer verdade, mesmo parcial, se realmente é verdade, apresenta-se como universal e absoluta. Aquilo que é verdadeiro deve ser verdadeiro sempre e para todos. Contudo, para além dessa universalidade, o homem procura um absoluto que seja capaz de dar resposta e sentido a toda a sua pesquisa: algo de definitivo, que sirva de fundamento a tudo o mais. Em outras palavras, procura uma explicação definitiva, um valor supremo, para além do qual não existam, nem possam existir, ulteriores perguntas ou apelos. As hipóteses podem seduzir, mas não saciam. Para todos, chega o momento em que, admitam-no ou não, há necessidade de ancorar a existência a uma verdade reconhecida como definitiva, que forneça uma certeza livre de qualquer dúvida.

Os filósofos procuraram, ao longo dos séculos, descobrir e exprimir tal verdade, criando um sistema ou uma escola de pensamento. Mas, para além dos sistemas filosóficos, existem outras expressões nas quais o homem procura formular a sua "filosofia": trata-se de convicções ou experiências pessoais, tradições familiares e culturais, ou itinerários existenciais vividos sob a autoridade de um mestre. A cada uma destas manifestações, subjaz sempre vivo o desejo de alcançar a certeza da verdade e do seu valor absoluto.

2. *Os diferentes rostos da verdade do homem*

28. Há que reconhecer que a busca da verdade nem sempre se desenrola com a referida transparência e coerência de raciocínio. Muitas vezes, as limitações naturais da razão e a inconstância do coração ofuscam e desviam a pesquisa pessoal. Outros interesses de variada ordem podem sobrepor-se à verdade. Acontece também que o próprio homem a evite, quando começa a entrevê-la, porque teme as suas exigências. Apesar disso, mesmo quando a evita, é sempre a verdade que preside à sua existência. Com efeito, nunca poderia fundar a sua vida sobre a dúvida, a incerteza ou a mentira; tal existência estaria constantemente ameaçada pelo medo e pela angústia. Assim, pode-se definir o homem como *aquele que procura a verdade*.

29. É impensável que uma busca, tão profundamente radicada na natureza humana, possa ser completamente inútil e vã. A própria capacidade de procurar a verdade e fazer perguntas implica já uma primeira resposta. O homem não começaria a procurar uma coisa que ignorasse totalmente ou considerasse absolutamente inatingível. Só a previsão de poder chegar a uma resposta é que consegue induzi-lo a dar o primeiro passo. De fato, assim sucede normalmente na pesquisa científica. Quando o cientista, depois de ter uma intuição, se lança à procura da explicação lógica e empírica dum certo fenômeno, o faz porque tem a esperança, desde o início, de encontrar uma resposta, e não se dá por vencido com os insucessos. Nem considera inútil a intuição inicial, só porque não alcançou o seu objetivo; dirá antes, e justamente, que não encontrou ainda a resposta adequada.

O mesmo deve valer também para a busca da verdade no âmbito das questões últimas. A sede de verdade está tão radicada no coração do homem que, se tivesse de prescindir dela, a sua existência ficaria comprometida. Basta observar a vida de todos os dias para constatar como dentro de cada um de nós se sente o tormento de algumas questões essenciais e, ao mesmo tempo, se guarda na alma, pelo menos, o esboço das respectivas respostas. São respostas de cuja verdade estamos convencidos, até porque notamos que não diferem substancialmente das respostas a que muitos outros chegaram. Por certo, nem toda a verdade adquirida possui o mesmo valor; todavia, o conjunto dos resultados alcançados confirma a capacidade que o ser humano, em princípio, tem de chegar à verdade.

30. Convém, agora, fazer uma rápida menção das diversas formas de verdade. As mais numerosas são as verdades que assentam em evidências imediatas ou recebem confirmação da experiência: essa é a ordem própria da vida quotidiana e da pesquisa científica. Nível diverso ocupam as verdades de caráter filosófico, que o homem alcança por meio da capacidade especulativa do seu intelecto. Por último, existem as verdades religiosas, que de algum modo têm as suas raízes também na filosofia; estão contidas nas respostas que as diversas religiões oferecem, nas suas tradições, às questões últimas[27].

Quanto às verdades filosóficas, é necessário especificar que não se limitam só às doutrinas, por vezes efê-

---
27. Cf. CONC. ECUM. VAT. II, Decl. sobre a relação da Igreja com as religiões não-cristãs *Nostra œtate*, 2.

meras, dos filósofos profissionais. Como já disse, todo homem é, de certa forma, um filósofo e possui as suas próprias concepções filosóficas, pelas quais orienta a sua vida. De diversos modos, consegue formar uma visão global e uma resposta sobre o sentido da própria existência: e, à luz disso, interpreta a própria vida pessoal e regula o seu comportamento. É aqui que deveria colocar-se a questão da relação entre as verdades filosófico-religiosas e a verdade revelada em Jesus Cristo. Antes de responder a tal questão, é preciso ter em conta outro dado da filosofia.

31. O homem não foi criado para viver sozinho. Nasce e cresce numa família, para depois se inserir, pelo seu trabalho, na sociedade. Assim a pessoa aparece integrada, desde o seu nascimento, em várias tradições; delas recebe não apenas a linguagem e a formação cultural, mas também muitas verdades nas quais acredita quase instintivamente. Entretanto, o crescimento e a maturação pessoal implicam que tais verdades possam ser postas em dúvida e avaliadas por meio da atividade crítica própria do pensamento. Isso não impede que, uma vez passada essa fase, aquelas mesmas verdades sejam "recuperadas" com base na experiência feita ou em virtude de sucessiva ponderação. Apesar disso, na vida duma pessoa, são muito mais numerosas as verdades simplesmente acreditadas que aquelas adquiridas por verificação pessoal. Na realidade, quem seria capaz de avaliar criticamente os inumeráveis resultados das ciências, sobre os quais se fundamenta a vida moderna? Quem poderia, por conta própria, controlar o fluxo de informações, recebidas diariamente de todas as partes do mundo e que, por princípio, são aceitas como verdadeiras? Enfim, quem

poderia percorrer novamente todos os caminhos de experiência e pensamento, pelos quais se foram acumulando os tesouros de sabedoria e religiosidade da humanidade? Portanto, o homem, ser que busca a verdade, é também *aquele que vive de crenças*.

32. Cada um, quando crê, confia nos conhecimentos adquiridos por outras pessoas. Nesse ato, pode-se individuar uma significativa tensão: por um lado, o conhecimento por crença apresenta-se como uma forma imperfeita de conhecimento, que precisa de se aperfeiçoar progressivamente por meio da evidência alcançada pela própria pessoa; por outro lado, a crença é muitas vezes mais rica, humanamente, do que a simples evidência, porque inclui a relação interpessoal, pondo em jogo não apenas as capacidades cognoscitivas do próprio sujeito, mas também a sua capacidade mais radical de confiar noutras pessoas, iniciando com elas um relacionamento mais estável e íntimo.

Importa sublinhar que as verdades procuradas nessa relação interpessoal não são primariamente de ordem empírica ou de ordem filosófica. O que se busca é sobretudo a verdade da própria pessoa: aquilo que ela é e o que manifesta do seu próprio íntimo. De fato, a perfeição do homem não se reduz apenas à aquisição do conhecimento abstrato da verdade, mas consiste também numa relação viva de doação e fidelidade ao outro. Nessa fidelidade que leva à doação, o homem encontra plena certeza e segurança. Ao mesmo tempo, porém, o conhecimento por crença, que se fundamenta na confiança interpessoal, tem a ver também com a verdade: de fato, acreditando, o homem confia na verdade que o outro lhe manifesta.

Quantos exemplos se poderiam aduzir para ilustrar esse dado! O primeiro que me vem ao pensamento é o testemunho dos mártires. Com efeito, o mártir é a testemunha mais genuína da verdade da existência. Ele sabe que, no seu encontro com Jesus Cristo, alcançou a verdade a respeito da sua vida, e nada nem ninguém poderá jamais arrancar-lhe essa certeza. Nem o sofrimento, nem a morte violenta poderão fazê-lo retroceder da adesão à verdade que descobriu no encontro com Cristo. Por isso mesmo é que, até agora, o testemunho dos mártires atrai, gera consenso, é escutado e seguido. Esta é a razão pela qual se tem confiança na sua palavra: descobre-se neles a evidência dum amor que não precisa de longas demonstrações para ser convincente, porque fala daquilo que cada um, no mais fundo de si mesmo, já sente como verdadeiro e que há tanto tempo procurava. Em resumo, o mártir provoca em nós uma profunda confiança, porque diz aquilo que já sentimos e torna evidente aquilo que nós mesmos queríamos ter a força de dizer.

33. Deste modo, foi possível completar progressivamente os dados do problema. O homem, por sua natureza, procura a verdade. Essa busca não se destina apenas à conquista de verdades parciais, físicas ou científicas; não busca só o verdadeiro bem em cada uma das suas decisões. Mas a sua pesquisa aponta para uma verdade superior, que seja capaz de explicar o sentido da vida; trata-se, por conseguinte, de algo que não pode desembocar senão no absoluto[28]. Graças às capacidades de que está dotado o

---

28. Desenvolvo, há muito tempo, esta argumentação, tendo-a expresso em diversas ocasiões: "Quem é o homem, e para que serve? E que bem ou que mal pode ele fazer?" (Eclo 18, 8) (...) Essas perguntas

seu pensamento, o homem pode encontrar e reconhecer uma tal verdade. Sendo essa vital e essencial para a sua existência, chega-se a ela não só por via racional, mas também por meio de um abandono confiante a outras pessoas que possam garantir a certeza e autenticidade da verdade. A capacidade e a decisão de confiar o próprio ser e existência a outra pessoa constituem, sem dúvida, um dos atos antropologicamente mais significativos e expressivos.

É bom não esquecer que também a razão, na sua busca, tem necessidade de ser apoiada por um diálogo confiante e uma amizade sincera. O clima de suspeita e desconfiança, que por vezes envolve a pesquisa especulativa, ignora o ensinamento dos filósofos antigos, que pu-

---

estão no coração de cada homem, como bem demonstra o gênio poético de todos os tempos e de todos os povos, que, quase como profecia da humanidade, repropõe continuamente a *séria pergunta* que torna o homem verdadeiramente tal. Exprimem a urgência de encontrar um porquê da existência, de todos os seus instantes, tanto das suas etapas salientes e decisivas como dos seus momentos mais comuns. Em tais perguntas, é testemunhada a razão profunda da existência humana, pois nelas a inteligência e a vontade do homem são solicitadas a procurar livremente a solução capaz de oferecer um sentido pleno à vida. Esses interrogativos, portanto, constituem a expressão mais elevada da natureza do homem; por conseguinte, a resposta a eles mede a profundidade do seu empenho na própria existência. Em particular, quando *o porquê das coisas* é procurado a fundo em busca da resposta última e mais exauriente, então a razão humana atinge o seu vértice e abre-se à religiosidade. De fato, a religiosidade representa a expressão mais elevada da pessoa humana, porque é o ápice da sua natureza racional. Brota da profunda aspiração do homem à verdade, e está na base da busca livre e pessoal que ele faz do divino" [Alocução da Audiência Geral de quarta-feira, 19 de outubro de 1983, 1-2: *L'Osservatore Romano* (ed. portuguesa, de 23 de outubro de 1983), 12].

nham a amizade como um dos contextos mais adequados para o reto filosofar.

Do que ficou dito conclui-se que o homem se encontra num caminho de busca, humanamente infindável: busca da verdade e busca duma pessoa em quem poder confiar. A fé cristã vem em sua ajuda, dando-lhe a possibilidade concreta de ver realizado o objetivo dessa busca. De fato, superando o nível da simples crença, ela introduz o homem naquela ordem da graça que lhe consente participar no mistério de Cristo, no qual lhe é oferecido o conhecimento verdadeiro e coerente de Deus Uno e Trino. Desse modo, em Jesus Cristo, que é a Verdade, a fé reconhece o apelo último dirigido à humanidade, para que possa tornar realidade o que experimenta como desejo e nostalgia.

34. Essa verdade, que Deus nos revela em Jesus Cristo, não está em contraste com as verdades que se alcançam filosofando. Pelo contrário, as duas ordens de conhecimento conduzem à verdade na sua plenitude. A unidade da verdade já é um postulado fundamental da razão humana, expresso no princípio de não-contradição. A Revelação dá a certeza dessa unidade, ao mostrar que Deus criador é também o Deus da história da salvação. Deus que fundamenta e garante o caráter inteligível e racional da ordem natural das coisas, sobre o qual os cientistas se apóiam confiadamente[29], é o mesmo que se revela como

---

29. "[Galileu] declarou explicitamente que as duas verdades, de fé e de ciência, não podem nunca contradizer-se, "procedendo igualmente do Verbo divino a Escritura santa e a natureza, a primeira como ditada pelo Espírito Santo, a segunda como executora fidelíssima das ordens de Deus", segundo ele escreveu na sua carta ao Padre Benedetto

Pai de nosso Senhor Jesus Cristo. Essa unidade da verdade, natural e revelada, encontra a sua identificação viva e pessoal em Cristo, como recorda o apóstolo Paulo: "A verdade que existe em Jesus" (Ef 4,21; cf. Cl 1,15-20). Ele é a *Palavra eterna*, na qual tudo foi criado, e ao mesmo tempo é a *Palavra encarnada* que, com toda a sua pessoa,[30] revela o Pai (cf. Jo 1,14.18). Aquilo que a razão humana procura "sem o conhecer" (cf. At 17,23), só pode ser encontrado por meio de Cristo: de fato, o que nele se revela é a "verdade plena" (cf. Jo 1,14-16) de todo o ser que, nele e por ele, foi criado e, por isso mesmo, nele encontra a sua realização (cf. Cl 1,17).

35. Tendo essas considerações gerais como pano de fundo, é necessário agora examinar, de maneira mais direta, a relação entre a verdade revelada e a filosofia. Tal relação requer uma dupla consideração, visto que a verdade que nos vem da Revelação tem de ser, simultaneamente, compreendida pela luz da razão. Só nessa dupla acepção é que será possível especificar a justa relação da

---

Castelli, a 21 de dezembro de 1613. O Concílio Vaticano II não se exprime diferentemente; retoma mesmo expressões semelhantes, quando ensina: "A investigação metódica em todos os campos do saber, quando levada a cabo (...) segundo as normas morais, nunca será realmente oposta à fé, já que as realidades profanas e as da fé têm origem no mesmo Deus" (*Gaudium et spes*, 36). Galileu manifesta, na sua investigação científica, a presença do Criador que o estimula, que se antecipa às suas intuições e as ajuda, operando no mais profundo do seu espírito" [JOÃO PAULO II, Discurso à Pontifícia Academia das Ciências, a 10 de novembro de 1979: *L'Osservatore Romano* (ed. portuguesa, de 25 de novembro de 1979), 6].

30. Cf. CONC. ECUM. VAT. II, Const. dogm. sobre a revelação divina *Dei Verbum*, 4.

verdade revelada com o saber filosófico. Por isso, vamos considerar, em primeiro lugar, as relações entre a fé e a filosofia ao longo da história, em que será possível individuar alguns princípios que constituem os pontos de referência aos quais recorrer para estabelecer a correta relação entre as duas ordens de conhecimento.

CAPÍTULO IV

A RELAÇÃO ENTRE A FÉ E A RAZÃO

1. *As etapas significativas do encontro entre a fé e a razão*

36. Os Atos dos Apóstolos testemunham que o anúncio cristão se encontrou, desde os seus primórdios, com as correntes filosóficas do tempo. Lá se refere a discussão que são Paulo teve com "alguns filósofos epicuristas e estóicos" (17,18). A análise exegética do discurso no Areópago evidenciou repetidas alusões a idéias populares, predominantemente de origem estóica. Certamente isso não se deu por acaso; os primeiros cristãos, para se fazerem compreender pelos pagãos, não podiam citar apenas "Moisés e os profetas" nos seus discursos, mas tinham de servir-se também do conhecimento natural de Deus e da voz da consciência moral de cada homem (cf. Rm 1,19-21; 2,14-15; At 14,16-17). Como, porém, na religião pagã, esse conhecimento natural tinha degenerado em idolatria (cf. Rm 1,21-32), o Apóstolo considerou mais prudente ligar o seu discurso ao pensamento dos filósofos, que desde o início tinham contraposto, aos mitos e cultos mistéricos, conceitos mais respeitosos da transcendência divina.

De fato, um dos maiores cuidados que tiveram os filósofos do pensamento clássico foi purificar de formas mitológicas a concepção que os homens tinham de Deus. Bem sabemos que a religião grega, como grande parte das religiões cósmicas, era politeísta, chegando a divinizar até coisas e fenômenos da natureza. As tentativas do homem para compreender a origem dos deuses e, nestes, a do universo, tiveram a sua primeira expressão na poesia. As teogonias permanecem, até hoje, o primeiro testemunho dessa investigação do homem. Os pais da filosofia tiveram por missão mostrar a ligação entre a razão e a religião. Estendendo o olhar para os princípios universais, deixaram de contentar-se com os mitos antigos e procuraram dar fundamento racional à sua crença na divindade. Emboçou-se assim uma estrada que, saindo das antigas tradições particulares, levava a um desenvolvimento que correspondia às exigências da razão universal. O fim que tal desenvolvimento tinha em vista era a verificação crítica daquilo em que se acreditava. A primeira a ganhar com esse caminho feito foi a concepção da divindade. As superstições acabaram por ser reconhecidas como tais, e a religião, pelo menos em parte, foi purificada pela análise racional. Foi nessa base que os Padres da Igreja instituíram um diálogo fecundo com os filósofos antigos, abrindo a estrada ao anúncio e à compreensão do Deus de Jesus Cristo.

37. Quando se menciona este movimento de aproximação dos cristãos à filosofia, é obrigatório recordar também a cautela com que eles olhavam outros elementos do mundo cultural pagão, como, por exemplo, a gnose. A filosofia, enquanto sabedoria prática e escola de vida, podia facilmente ser confundida com um conhecimento de tipo superior, esotérico, reservado a poucos iluminados. É, sem dúvida, a especulações esotéricas desse gênero que pensa são Paulo, quando adverte os Colossenses: "Vede que ninguém vos engane com falsas e vãs filosofias, fundadas nas

tradições humanas, nos elementos do mundo, e não em Cristo" (2,8). Como são atuais estas palavras do Apóstolo, quando as referimos às diversas formas de esoterismo que hoje se difundem mesmo entre alguns crentes, privados do necessário sentido crítico! Seguindo as pegadas de são Paulo, outros escritores dos primeiros séculos, particularmente santo Ireneu e Tertuliano, puseram reservas a uma orientação cultural que pretendia subordinar a verdade da Revelação à interpretação dos filósofos.

38. Como vemos, o encontro do cristianismo com a filosofia não foi fácil nem imediato. A exercitação desta e a freqüência das respectivas escolas foi vista mais vezes pelos primeiros cristãos como transtorno, do que como uma oportunidade. Para eles, a primeira e mais urgente missão era o anúncio de Cristo ressuscitado, que havia de ser proposto num encontro pessoal, capaz de levar o interlocutor à conversão do coração e ao pedido do Batismo. De qualquer modo, isso não significa que ignorassem a obrigação de aprofundar a compreensão da fé e suas motivações; antes pelo contrário. É injusta e pretextuosa a crítica de Celso, quando acusa os cristãos de serem gente "iletrada e rude"[31]. A explicação desse seu desinteresse inicial tem de ser procurada em outra parte. Na realidade, o encontro com o Evangelho oferecia uma resposta tão satisfatória à questão do sentido da vida, até então insolúvel, que freqüentar os filósofos parecia-lhes uma coisa sem interesse e, em certos aspectos, superada.

Isso é hoje ainda mais claro, ao se pensar no contributo dado pelo cristianismo, quando defende o acesso à

---

31. ORÍGENES, *Contra Celso* 3, 55: *SC* 136, 130.

verdade como um direito universal. Derrubadas as barreiras raciais, sociais e sexuais, o cristianismo tinha anunciado, desde as suas origens, a igualdade de todos os homens diante de Deus. A primeira conseqüência desse conceito registou-se no tema da verdade, ficando decididamente superado o caráter elitista que a sua busca tinha no pensamento dos antigos: se o acesso à verdade é um bem que permite chegar a Deus, todos devem estar em condições de poder percorrer essa estrada. As vias para chegar à verdade continuam a ser muitas; mas, dado que a verdade cristã tem valor salvífico, cada uma delas só pode ser percorrida se conduzir à meta final, ou seja, à revelação de Jesus Cristo.

Como pioneiro dum encontro positivo com o pensamento filosófico, sempre marcado por um prudente discernimento, há de recordar são Justino. Apesar da grande estima que continuava a ter pela filosofia grega depois da sua conversão, afirmava decidida e claramente que tinha encontrado, no cristianismo, "a única filosofia segura e vantajosa"[32]. De forma semelhante, Clemente de Alexandria chamava ao Evangelho "a verdadeira filosofia"[33], e, em analogia com a lei mosaica, via a filosofia como uma instrução propedêutica à fé cristã[34] e uma preparação ao Evangelho[35]. Uma vez que "a filosofia anela por aquela sabedoria que consiste na retidão da alma e da palavra e na pureza da vida, está aberta à sabedoria e tudo faz para a alcançar. No nosso meio, designam-se por filósofos os

---
32. *Diálogo com Trifão*, 8, 1: *PG* 6, 492.
33. *Stromata* I, 18, 90, 1: *SC* 30, 115.
34. Cf. ibid. I, 16, 80, 5: *SC* 30, 108.
35. Cf. ibid. I, 5, 28, 1: *SC* 30, 65.

que amam a sabedoria que é criadora e mestra de tudo, isto é, o conhecimento do Filho de Deus"[36]. Segundo esse pensador alexandrino, a filosofia grega não tem como primeiro objetivo completar ou corroborar a verdade cristã; a sua função é, sobretudo, a defesa da fé: "A doutrina do Salvador é perfeita em si mesma e não precisa de apoio, porque é a força e a sabedoria de Deus. A filosofia grega não torna mais forte a verdade com o seu contributo, mas, porque torna impotente o ataque da sofística e desarma os assaltos traiçoeiros contra a verdade, foi justamente chamada sebe e muro de vedação da vinha"[37].

39. Entretanto, na história desse desenvolvimento, é possível constatar a assunção crítica do pensamento filosófico por parte dos pensadores cristãos. No meio dos primeiros exemplos encontrados, sobressai, sem dúvida, Orígenes. Contra os ataques lançados pelo filósofo Celso, ele recorre à filosofia platônica para argumentar e responder-lhe. Citando vários elementos do pensamento platônico, começa a elaborar uma primeira forma de teologia cristã. Naquele tempo, a designação mesma de teologia e a sua concepção como discurso racional sobre Deus ainda estavam ligadas à sua origem grega. Na filosofia aristotélica, por exemplo, o termo designava a parte mais nobre e o verdadeiro apogeu do discurso filosófico. Mas, à luz da revelação cristã, o que anteriormente indicava uma doutrina genérica sobre a divindade, passou a assumir um significado totalmente novo, ou seja, a reflexão que o fiel realiza para exprimir a *verdadeira doutrina*

---

36. Ibid., VI, 7, 55, 1-2: *PG* 9, 277.
37. Ibid., I, 20, 100, 1: *SC* 30, 124.

acerca de Deus. Esse pensamento cristão novo, que estava a desenvolver-se, servia-se da filosofia, mas ao mesmo tempo tendia a distinguir-se nitidamente dela. A história revela que o próprio pensamento platônico, quando foi assumido pela teologia, sofreu profundas transformações, especialmente em conceitos como a imortalidade da alma, a divinização do homem e a origem do mal.

40. Nesta obra de cristianização do pensamento platônico e neoplatônico, merecem menção particular os Padres Capadócios, Dionísio chamado o Areopagita e sobretudo santo Agostinho. O grande Doutor ocidental contactara diversas escolas filosóficas, mas todas o tinham desiludido. Quando se lhe deparou a verdade da fé cristã, então teve a força de realizar aquela conversão radical a que os filósofos anteriormente contactados não tinham conseguido induzi-lo. Ele mesmo refere o motivo: "Preferindo a doutrina católica, já sentia, então, que era mais razoável e menos enganoso sermos obrigados a crer o que não demonstrava, quer houvesse prova, mesmo que esta não estivesse ao alcance de qualquer pessoa, quer não houvesse. Seria isso mais sensato do que zombarem da crença os maniqueístas, apoiados em temerária promessa de ciência, para depois nos mandarem acreditar em inúmeras fábulas tão absurdas que as não podiam provar"[38]. Quanto aos platônicos, que ocupavam lugar privilegiado nos pontos de referência de Agostinho, este censurava-os porque, embora conhecessem o fim para onde se devia tender, tinham, porém, ignorado o caminho que lá conduzia: o Verbo encarnado[39]. O Bispo de Hipona

---

38. Santo Agostinho, *Confessiones* VI, 5, 7: *CCL* 27, 77-78.
39. Cf. ibid. VII, 9, 13-14: *CCL* 27, 101-102.

conseguiu elaborar a primeira grande síntese do pensamento filosófico e teológico, nela confluindo correntes do pensamento grego e latino. Também nele a grande unidade do saber, que tinha o seu fundamento no pensamento bíblico, acabou por ser confirmada e sustentada pela profundidade do pensamento especulativo. A síntese feita por santo Agostinho permanecerá como a forma mais elevada de reflexão filosófica e teológica que o Ocidente, durante séculos, conheceu. Com uma história pessoal intensa e ajudado por uma admirável santidade de vida, ele foi capaz de introduzir, nas suas obras, muitos dados que, apelando-se à experiência, antecipavam já futuros desenvolvimentos de algumas correntes filosóficas.

41. De diversas formas, pois, os Padres do Oriente e do Ocidente entraram em relação com as escolas filosóficas. Isso não significa que tenham identificado o conteúdo da sua mensagem com os sistemas a que faziam referência. A pergunta de Tertuliano: "Que têm em comum Atenas e Jerusalém? Ou, a Academia e a Igreja?"[40], é um sintoma claro da consciência crítica com que os pensadores cristãos encararam, desde as origens, o problema da relação entre a fé e a filosofia, vendo-o globalmente, tanto nos seus aspectos positivos como nas suas limitações. Não eram pensadores ingênuos. Precisamente porque viviam de forma intensa o conteúdo da fé, eles conseguiam chegar às formas mais profundas da reflexão. Por isso, é injusto e redutivo limitar o seu trabalho a mera transposição das verdades de fé para categorias filosóficas. Eles fizeram muito mais; conseguiram explicitar plenamente aqui-

---

40. "Quid ergo Athenis et Hierosolymis? Quid academiæ et ecclesiæ?" [*De præscriptione hereticorum*, VII, 9: *SC* 46, 98].

lo que resultava ainda implícito e preliminar no pensamento dos grandes filósofos antigos[41]. Estes, conforme já disse, tiveram a função de mostrar o modo como a razão, livre dos vínculos externos, podia escapar do beco sem saída dos mitos, para melhor se abrir à transcendência. Uma razão purificada e reta era capaz de se elevar aos níveis mais elevados da reflexão, dando fundamento sólido à percepção do ser, do transcendente e do absoluto.

Aqui mesmo se insere a novidade operada pelos Padres. Acolheram a razão na sua plena abertura ao absoluto e, nela, enxertaram a riqueza vinda da Revelação. O encontro não foi apenas questão de culturas, uma das quais talvez seduzida pelo fascínio da outra; mas verificou-se no íntimo da alma, e foi um encontro entre a criatura e o seu Criador. Ultrapassando o fim mesmo para o qual inconscientemente tendia por força da sua natureza, a razão pôde alcançar o sumo bem e a suma verdade na pessoa do Verbo encarnado. Ao encararem as filosofias, os Padres não tiveram medo de reconhecer tanto os elementos comuns como as diferenças que aquelas apresentavam relativamente à Revelação. A percepção das convergências não ofuscava neles o reconhecimento das diferenças.

42. Na teologia escolástica, o papel da razão educada filosoficamente torna-se ainda mais notável sob o impulso da interpretação anselmiana do *intellectus fidei*. Segundo o santo Arcebispo de Cantuária, a prioridade da fé não faz concorrência à investigação própria da razão. De

---

41. Cf. CONGR. DA EDUCAÇÃO CATÓLICA, Instr. sobre o estudo dos Padres da Igreja na formação sacerdotal (10 de novembro de 1989), 25: *AAS* 82 (1990), 617-618.

fato, esta não é chamada a exprimir um juízo sobre os conteúdos da fé; seria incapaz disso, porque não é idônea. A sua tarefa é, antes, saber encontrar um sentido, descobrir razões que a todos permitam alcançar algum entendimento dos conteúdos da fé. Santo Anselmo sublinha o fato de que o intelecto deve pôr-se à procura daquilo que ama: quanto mais ama, mais deseja conhecer. Quem vive para a verdade tende para uma forma de conhecimento que se inflama num amor sempre maior por aquilo que conhece, embora admita que ainda não fizera tudo aquilo que estaria no seu desejo: "*Ad te videndum factus sum; et nondum feci propter quod factus sum*"[42]. Assim, o desejo da verdade impele a razão a ir sempre mais além; esta fica como que embevecida pela constatação de que a sua capacidade é sempre maior do que aquilo que alcança. Chegada aqui, porém, a razão é capaz de descobrir onde está o termo do seu caminho: "Penso efetivamente que, quem investiga uma coisa incompreensível, se deve contentar de chegar, pela razão, a reconhecer com a máxima certeza a sua existência real, embora não seja capaz de penetrar, pela inteligência, o seu modo de ser (...). Aliás, que há de tão incompreensível e inefável como aquilo que está acima de tudo? Portanto, se aquilo de cuja essência suprema discutimos até agora, ficou estabelecido sobre razões necessárias, ainda que a inteligência não o possa penetrar de forma a conseguir traduzi-lo em palavras claras, nem por isso vacila minimamente o fundamento da sua certeza. Com efeito, se uma reflexão anterior compreendeu de maneira racional que é incompreensível (*rationabiliter comprehendit incomprehensibile esse*) o modo como a sabedoria supre-

---

42. SANTO ANSELMO, *Proslogion*, 1: *PL* 158, 226.

ma sabe aquilo que fez (...), quem explicará como ela mesma se conhece e exprime, dado que sobre ela o homem nada ou quase nada pode saber?[43].

Confirma-se assim, uma vez mais, a harmonia fundamental entre o conhecimento filosófico e o conhecimento da fé: a fé requer que o seu objeto seja compreendido com a ajuda da razão; por sua vez a razão, no apogeu da sua indagação, admite como necessário aquilo que a fé apresenta.

2. *A novidade perene do pensamento de santo Tomás de Aquino*

43. Neste longo caminho, ocupa um lugar absolutamente especial santo Tomás, não só pelo conteúdo da sua doutrina, mas também pelo diálogo que soube instaurar com o pensamento árabe e hebraico do seu tempo. Numa época em que os pensadores cristãos voltavam a descobrir os tesouros da filosofia antiga, e mais diretamente da filosofia aristotélica, ele teve o grande mérito de colocar em primeiro lugar a harmonia que existe entre a razão e a fé. A luz da razão e a luz da fé provêm ambas de Deus: argumentava ele; por isso, não se podem contradizer entre si[44].

Indo mais longe, santo Tomás reconhece que a natureza, objeto próprio da filosofia, pode contribuir para a compreensão da revelação divina. Desse modo, a fé não teme a razão, mas solicita-a e confia nela. Como a graça

---

43. IDEM, *Monologion*, 64: *PL* 158, 210.
44. Cf. S. TOMÁS DE AQUINO, *Summa contra gentiles*, I, VII.

supõe a natureza e leva-a à perfeição[45], assim também a fé supõe e aperfeiçoa a razão. Esta, iluminada pela fé, fica liberta das fraquezas e limitações causadas pela desobediência do pecado, e recebe a força necessária para elevar-se até ao conhecimento do mistério de Deus Uno e Trino. Embora sublinhando o carácter sobrenatural da fé, o Doutor Angélico não esqueceu o valor da racionalidade da mesma; antes, conseguiu penetrar profundamente e especificar o sentido de tal racionalidade. Efetivamente, a fé é de algum modo "exercitação do pensamento"; a razão do homem não é anulada nem humilhada, quando presta assentimento aos conteúdos de fé; é que estes são alcançados por decisão livre e consciente[46].

Precisamente por este motivo é que santo Tomás foi sempre proposto pela Igreja como mestre de pensamento e modelo quanto ao reto modo de fazer teologia. Nesse contexto, apraz-me recordar o que escreveu o meu Predecessor, o Servo de Deus Paulo VI, por ocasião do sétimo centenário da morte do Doutor Angélico: "Sem dúvida, santo Tomás possuiu, no máximo grau, a coragem da verdade, a liberdade de espírito quando enfrentava os novos problemas, a honestidade intelectual de quem não admite a contaminação do cristianismo pela filosofia profana, mas tão pouco defende a rejeição apriorística desta. Por isso, passou à história do pensamento cristão como um pioneiro no novo caminho da filosofia e da cultura universal. O ponto central e como que a essência

---

45. "Cum enim gratia non tollat naturam, sed perficiat" [IDEM, *Summa theologiæ*, I, 1, 8 ad 2].
46. Cf. JOÃO PAULO II, Discurso aos participantes no IX Congresso Tomista Internacional (29 de setembro de 1990): *L'Osservatore Romano* (ed. portuguesa de 28 de outubro de 1990), 9.

da solução que ele deu ao problema novamente posto da contraposição entre razão e fé, com a genialidade do seu intuito profético, foi o da conciliação entre a secularidade do mundo e a radicalidade do Evangelho, evitando, por um lado, aquela tendência antinatural que nega o mundo e seus valores, mas, por outro, sem faltar às exigências supremas e inabaláveis da ordem sobrenatural"[47].

44. Entre as grandes intuições de santo Tomás, conta-se a de atribuir ao Espírito Santo o papel de fazer amadurecer, como sapiência, a ciência humana. Desde as primeiras páginas da *Summa theologiæ*[48], o Aquinate quis mostrar o primado daquela sapiência que é dom do Espírito Santo e que introduz no conhecimento das realidades divinas. A sua teologia permite compreender a peculiaridade da sapiência na sua ligação íntima com a fé e o conhecimento de Deus: conhece por conaturalidade, pressupõe a fé e chega a formular retamente o seu juízo a partir da verdade da própria fé: "A sapiência elencada entre os dons do Espírito Santo é distinta da mencionada entre as virtudes intelectuais. De fato, esta segunda adquire-se pelo estudo; aquela, pelo contrário, "provém do alto", como diz são Tiago. Mas é também distinta da fé, porque esta aceita a verdade divina tal como é, enquanto é próprio do dom da sapiência julgar segundo a verdade divina"[49].

---

47. Carta ap. *Lumen Ecclesiæ* (20 de novembro de 1974), 8: *AAS* 66 (1974), 680.

48. "Præterea, hæc doctrina per studium acquiritur. Sapientia autem per infusionem habetur, unde inter septem dona Spiritus Sancti connumeratur" [*Summa theologiæ*, I, 1, 6].

49. Ibid., II, II, 45, 1 ad 2; cf. também II, II, 45, 2.

Mas, ao reconhecer a prioridade dessa sapiência, o Doutor Angélico não esquece a existência de mais duas formas complementares de sabedoria: a *filosófica*, que se baseia na capacidade que tem o intelecto, dentro dos próprios limites naturais, de investigar a realidade; e a sabedoria *teológica*, que se fundamenta na Revelação e examina os conteúdos da fé, alcançando o próprio mistério de Deus.

Intimamente convencido de que *"omne verum a quocumque dicatur a Spiritu Sancto est"*[50], santo Tomás amou desinteressadamente a verdade. Procurou-a por todo lado onde pudesse manifestar-se, colocando em relevo a sua universalidade. Nele, o Magistério da Igreja viu e apreciou a paixão pela verdade; o seu pensamento, precisamente porque se mantém sempre no horizonte da verdade universal, objetiva e transcendente, atingiu "alturas que a inteligência humana jamais poderia ter pensado"[51]. É, pois, com razão que santo Tomás pode ser definido "apóstolo da verdade"[52]. Porque se consagrou sem reservas à verdade, no seu realismo soube reconhecer a sua objetividade. A sua filosofia é verdadeiramente uma filosofia do ser, e não do simples aparecer.

---

50. Ibid., I, II, 109, 1 ad 1, que cita a conhecida frase do AMBROSIASTER, *In prima Cor 12,3*: *PL* 17, 258.
51. LEÃO XIII, Carta enc. *ÆTERNI PATRIS* (4 de agosto de 1879): *ASS* 11 (1878-1879), 109.
52. PAULO VI, Carta ap. *Lumen Ecclesiæ* (20 de novembro de 1974), 8: *AAS* 66 (1974), 683.

3. O drama da separação da fé e da razão

45. Quando surgiram as primeiras universidades, a teologia começou a relacionar-se mais diretamente com outras formas da pesquisa e do saber científico. Santo Alberto Magno e santo Tomás, embora admitindo uma ligação orgânica entre a filosofia e a teologia, foram os primeiros a reconhecer à filosofia e às ciências a autonomia de que precisavam para se debruçar eficazmente sobre os respectivos campos de investigação. Todavia, a partir da baixa Idade Média, essa distinção legítima entre os dois conhecimentos transformou-se progressivamente em nefasta separação. Devido ao espírito excessivamente racionalista de alguns pensadores, radicalizaram-se as posições, chegando-se, de fato, a uma filosofia separada e absolutamente autônoma dos conteúdos da fé. Entre as várias conseqüências de tal separação, sobressai a difidência cada vez mais forte contra a própria razão. Alguns começaram a professar uma desconfiança geral, cética ou agnóstica, quer para reservar mais espaço à fé, quer para desacreditar qualquer possível referência racional à mesma.

Em resumo, tudo o que o pensamento patrístico e medieval tinha concebido e atuado como uma unidade profunda, geradora de um conhecimento capaz de chegar às formas mais altas da especulação, foi realmente destruído pelos sistemas que abraçaram a causa de um conhecimento racional, separado e alternativo da fé.

46. As radicalizações mais influentes são bem conhecidas e visíveis, sobretudo na história do Ocidente. Não é exagerado afirmar que boa parte do pensamento filosófi-

co moderno se desenvolveu num progressivo afastamento da revelação cristã até chegar explicitamente à contraposição. No século passado, esse movimento tocou o seu apogeu. Alguns representantes do idealismo procuraram, de diversos modos, transformar a fé e os seus conteúdos, inclusive o mistério da morte e ressurreição de Jesus Cristo, em estruturas dialéticas racionalmente compreensíveis. Mas a essa concepção, opuseram-se diversas formas de humanismo ateu, elaboradas filosoficamente, que apontaram a fé como prejudicial e alienante para o desenvolvimento pleno do uso da razão. Não tiveram medo de se apresentar como novas religiões, dando base a projetos que desembocaram, no plano político e social, em sistemas totalitários traumáticos para a humanidade.

No âmbito da investigação científica, foi-se impondo uma mentalidade positivista, que não apenas se afastou de toda a referência à visão cristã do mundo, mas sobretudo deixou cair qualquer alusão à visão metafísica e moral. Por causa disso, certos cientistas, privados de qualquer referimento ético, correm o risco de não manterem, ao centro do seu interesse, a pessoa e a globalidade da sua vida. Mais, alguns deles, cientes das potencialidades contidas no progresso tecnológico, parecem ceder à lógica do mercado e ainda à tentação dum poder demiúrgico sobre a natureza e o próprio ser humano.

Como conseqüência da crise do racionalismo, apareceu o niilismo. Enquanto filosofia do nada, consegue exercer um certo fascínio sobre os nossos contemporâneos. Os seus seguidores defendem a pesquisa como fim em si mesma, sem esperança nem possibilidade alguma de alcançar a meta da verdade. Na interpretação niilista, a existência é somente uma oportunidade para sensações e experiências em que o efêmero detém o primado. O niilismo está na origem duma mentalidade difusa, segundo a qual não se deve assumir qualquer compromisso definitivo, porque tudo é fugaz e provisório.

47. Por outro lado, é preciso não esquecer que, na cultura moderna, foi alterada a própria função da filosofia. De sabedoria e saber universal que era, foi-se progressivamente reduzindo a uma das muitas áreas do saber humano; mais, sob alguns dos seus aspectos, ficou reduzida a um papel completamente marginal. Entretanto, foram-se consolidando sempre mais outras formas de racionalidade, pondo assim em evidência o caráter marginal do saber filosófico. Em vez de apontarem para a contemplação da verdade e a busca do fim último e do sentido da vida, essas formas de racionalidade são orientadas, ou pelo menos orientáveis, como "razão instrumental" ao serviço de fins utilitaristas, de prazer ou de poder.

Quanto seja perigoso absolutizar este caminho, já o fiz notar na minha primeira carta encíclica, ao escrever: "O homem de hoje parece estar sempre ameaçado por aquilo mesmo que produz, ou seja, pelo resultado do trabalho das suas mãos e, ainda mais, pelo resultado do trabalho da sua inteligência e das tendências da sua vontade. Os frutos desta multiforme atividade do homem, com grande rapidez e de modo muitas vezes imprevisível, passam a ser não tanto objeto de "alienação", no sentido de que são simplesmente tirados àqueles que os produzem, como sobretudo, pelo menos parcialmente, num círculo conseqüente e indireto dos seus efeitos, tais frutos voltam-se contra o próprio homem. Eles são de fato dirigidos, ou podem sê-lo, contra o homem. Nisso parece consistir o ato principal do drama da existência humana contemporânea, na sua dimensão mais ampla e universal. Assim, o homem vive mergulhado cada vez mais no medo. Teme que os seus produtos, naturalmente não todos nem a maior parte, mas alguns e precisamente aqueles que encerram uma especial porção da sua genialidade e da sua iniciativa, possam ser voltados de maneira radical contra si mesmo"[53].

Na seqüência dessas transformações culturais, alguns filósofos, abandonando a busca da verdade por si mesma, assumiram como único objetivo a obtenção da certeza subjetiva ou da utilidade prática. Em conseqüência, deu-se o obscurecimento da verdadeira dignidade da razão, impossibilitada de conhecer a verdade e de procurar o absoluto.

48. Assim, o dado saliente desta última parte da história da filosofia é a constatação duma progressiva separação entre a fé e a razão filosófica. É verdade que, observando bem, mesmo na reflexão filosófica daqueles que contribuíram para ampliar a distância entre fé e razão, se manifestam às vezes gérmens preciosos de pensamento que, se aprofundados e desenvolvidos com mente e coração retos, podem fazer descobrir o caminho da verdade. Estes gérmens de pensamento podem encontrar-se, por exemplo, nas profundas análises sobre a percepção e a experiência, a imaginação e o inconsciente, sobre a personalidade e a intersubjetividade, a liberdade e os valores, o tempo e a história. Inclusive o tema da morte pode

---

53. Carta enc. *Redemptor hominis* (4 de março de 1979), 15: *AAS* 71 (1979), 286.

tornar-se, para todo o pensador, um severo apelo a procurar dentro de si mesmo o sentido autêntico da própria existência. Todavia isto não pode fazer esquecer a necessidade que a atual relação entre fé e razão tem de um cuidadoso esforço de discernimento, porque tanto a razão como a fé ficaram reciprocamente mais pobres e débeis. A razão, privada do contributo da Revelação, percorreu sendas marginais com o risco de perder de vista a sua meta final. A fé, privada da razão, pôs em maior evidência o sentimento e a experiência, correndo o risco de deixar de ser uma proposta universal. É ilusório pensar que, tendo pela frente uma razão débil, a fé goze de maior incidência; pelo contrário, cai no grave perigo de ser reduzida a um mito ou superstição. Da mesma maneira, uma razão que não tenha pela frente uma fé adulta não é estimulada a fixar o olhar sobre a novidade e radicalidade do ser.

À luz disso, creio justificado o meu apelo veemente e incisivo para que a fé e a filosofia recuperem aquela unidade profunda que as torna capazes de serem coerentes com a sua natureza, no respeito da recíproca autonomia. Ao desassombro (*parresia*) da fé deve corresponder a audácia da razão.

CAPÍTULO V

INTERVENÇÕES DO MAGISTÉRIO EM MATÉRIA FILOSÓFICA

1. *O discernimento do Magistério como diaconia da verdade*

49. A Igreja não propõe uma filosofia própria, nem canoniza uma das correntes filosóficas em detrimento de outras[54]. A razão profunda dessa reserva está no fato de que a filosofia, mesmo quando entra em relação com a teologia, deve proceder segundo os seus métodos e regras; caso contrário, não haveria garantia de permanecer orientada para a verdade, tendendo para a mesma por meio de um processo racionalmente controlável. Pouca ajuda daria uma filosofia que não agisse à luz da razão, segundo princípios próprios e específicas metodologias. Fundamentalmente, a raiz da autonomia de que goza a filosofia, há que individuá-la no fato de a razão estar orientada, por sua natureza, para a verdade e dotada em si mesma dos meios necessários para a alcançar. Uma filosofia, ciente deste seu "estatuto constitutivo", não pode deixar de respeitar as exigências e evidências próprias da verdade revelada.

---

54. Cf. Pio XII, Carta enc. *Humani generis* (12 de agosto de 1950): *AAS* 42 (1950), 566.

E, todavia, vimos, na história, os extravios e erros em que várias vezes incorreu o pensamento filosófico, sobretudo moderno. Não é função nem competência do Magistério intervir para colmar as lacunas dum discurso filosófico carente. Mas, já é sua obrigação reagir, de forma clara e vigorosa, quando teses filosóficas discutíveis ameaçam a reta compreensão do dado revelado e quando se difundem teorias falsas e sectárias que semeiam erros graves, perturbando a simplicidade e a pureza da fé do povo de Deus.

50. Por conseguinte, o Magistério eclesiástico pode, e deve, exercer com autoridade, à luz da fé, o discernimento crítico sobre filosofias e afirmações que contradigam a doutrina cristã[55]. Ao Magistério compete, antes de mais nada indicar os pressupostos e as conclusões filosóficas que são incompatíveis com a verdade revelada, formulando assim as exigências que, do ponto de vista da fé, se impõem à filosofia. Além disso, no desenvolvimento do saber filosófico, surgiram diversas escolas de pensamento; ora, esse pluralismo impõe ao Magistério a responsabilidade de exprimir o seu juízo sobre a compatibilidade ou incompatibilidade das concepções de base, defendidas por essas escolas, com as exigências próprias da palavra de Deus e da reflexão teológica.

A Igreja tem o dever de indicar aquilo que pode existir, num sistema filosófico, incompatível com a sua fé. Na verdade, muitos conteúdos filosóficos — relativos, por exemplo, a Deus, ao homem, à sua liberdade e

---

55. Cf. CONC. ECUM. VAT. I, Primeira const. dogm. sobre a Igreja de Cristo *Pastor Aeternus*: *DS* 3070; CONC. ECUM. VAT. II, Const. dogm. sobre a Igreja *Lumen gentium*, 25c.

ao seu comportamento ético —, têm a ver diretamente com a Igreja, porque tocam na verdade revelada que ela guarda. Quando nós, Bispos, realizamos o referido discernimento, temos a obrigação de ser "testemunhas da verdade", no cumprimento de um serviço humilde, mas firme, que todo filósofo devia prezar, em benefício da *recta ratio*, ou seja, da razão que reflete corretamente sobre a verdade.

51. Em todo caso, tal discernimento não deve ser visto primeiramente de forma negativa, como se a intenção do Magistério fosse eliminar ou reduzir qualquer possibilidade de mediação; ao contrário, as suas intervenções visam em primeiro lugar suscitar, promover e encorajar o pensamento filosófico. Os filósofos são, aliás, os primeiros a compreender a exigência de autocrítica, de correção de eventuais erros, e a necessidade de ultrapassar os limites demasiado estreitos em que a sua reflexão foi concebida. De modo particular, deve-se considerar que a verdade é uma só, embora as suas expressões acusem os vestígios da história e sejam, além disso, obra duma razão humana ferida e enfraquecida pelo pecado. Daqui se conclui que nenhuma forma histórica da filosofia pode, legitimamente, ter a pretensão de abraçar a totalidade da verdade ou de possuir a explicação cabal do ser humano, do mundo e da relação do homem com Deus.

E hoje, com esta multiplicação de sistemas, métodos, conceitos e argumentos filosóficos, muitas vezes extremamente fragmentários, impõe-se ainda com maior urgência um discernimento crítico à luz da fé. Esse discernimento não é fácil, porque, se já é custoso reconhecer as capacidades naturais e inalienáveis da razão com as suas limitações constitutivas e históricas, mais problemático ainda se pode tornar às vezes o discernimento de cada uma das propostas filosóficas para verificar, do ponto de vista da fé, o que apresentam de válido e fecundo e o que existe nelas de errado ou perigoso. De qualquer modo, a Igreja sabe que os "tesouros da sabedoria e da ciência" estão escondidos em Cristo (Cl 2,3); por isso, ela intervém, estimulando a reflexão filosófica, para que não se obstrua o caminho que leva ao conhecimento do mistério.

52. Não foi só recentemente que o Magistério da Igreja interveio para manifestar o seu pensamento a respeito de determinadas doutrinas filosóficas. A título de exemplo, basta recordar, no decurso dos séculos, as tomadas de posição acerca das teorias que defendiam a preexistência das almas[56], e ainda sobre as diversas formas de idolatria e esoterismo supersticioso, contidas em teses astrológicas[57]; sem esquecer os textos mais sistemáticos contra algumas teses do averroísmo latino, incompatíveis com a fé cristã[58].

Se a palavra do Magistério se fez ouvir mais freqüentemente a partir da segunda metade do século passado, foi porque, naquele período, numerosos católicos sentiram o dever de contrapor uma filosofia própria às várias

---

56. Cf. Sínodo de Constantinopla, *DS* 403.

57. Cf. Concílio de Toledo I, *DS* 205; Concílio de Braga I, *DS* 459-460; Sisto V, Bula *Coeli et terræ Creator* (5 de janeiro de 1586): *Bullarium Romanum* 44 (Roma, 1747), 176-179; Urbano VIII, *Inscrutabilis iudiciorum* (1 de abril de 1631): *Bullarium Romanum* 61 (Roma, 1758), 268-270.

58. Cf. Conc. Ecum. de Viena, Decr. *Fidei catholicæ*: DS 902; Conc. Ecum. Lateranense V, Bula *Apostolici regiminis*: DS 1440.

correntes do pensamento moderno. Daqui resultou, para o Magistério da Igreja, a obrigação de vigiar a fim de que tais filosofias não degenerassem, por sua vez, em formas errôneas e negativas. Acabaram assim censurados os dois extremos: dum lado, o *fideísmo*[59] e o *tradicionalismo radical*[60], pela sua falta de confiança nas capacidades naturais da razão; e, do outro, o *racionalismo*[61] e o *ontologismo*[62], porque atribuíam à razão natural aquilo que apenas se pode conhecer pela luz da fé. Os conteúdos positivos desse debate foram formalizados na constituição dogmática *Dei Filius*, por meio da qual um concílio ecumênico — o Vaticano I — intervinha, pela primeira vez e de forma solene, sobre as relações entre razão e fé. A doutrina contida nesse texto marcou, intensa e positivamente, a investigação filosófica de muitos fiéis e constitui ainda hoje um ponto normativo de referência para uma correta e coerente reflexão cristã nesse âmbito particular.

53. Mais do que teses filosóficas isoladas, as tomadas de posição do Magistério ocuparam-se da necessidade do conhecimento racional — e por conseguinte, em última análise, do conhecimento filosófico — para a compreen-

---

59. Cf. *Theses a Ludovico Eugenio Bautain iussu sui Episcopi subscriptæ* (8 de setembro de 1840): *DS* 2751-2756; *Theses a Ludovico Eugenio Bautain ex mandato S. Congr. Episcoporum et Religiosorum subscriptæ* (26 de abril de 1844): *DS* 2765-2769.

60. Cf. S. CONGR. INDICIS, Decr. *Theses contra traditionalismum Augustini Bonnety* (11 de junho de 1855): *DS* 2811-2814.

61. Cf. PIO IX, Breve *Eximiam tuam* (15 de junho de 1857): *DS* 2828-2831; Breve *Gravissimas inter* (11 de dezembro de 1862): *DS* 2850-2861.

62. Cf. S. CONGR. DO SANTO OFÍCIO, Decr. *Errores ontologistarum* (18 de setembro de 1861): *DS* 2841-2847.

são da fé. O Concílio Vaticano I, sintetizando e confirmando solenemente os ensinamentos que o Magistério pontifício tinha proposto aos fiéis de maneira ordinária e constante, pôs em evidência como são inseparáveis e ao mesmo tempo irredutíveis entre si o conhecimento natural de Deus e a Revelação, a razão e a fé. O Concílio partia da exigência fundamental — pressuposta também pela Revelação — da cognoscibilidade natural da existência de Deus, princípio e fim de todas as coisas[63], para concluir com a solene afirmação já citada: "Existem duas ordens de conhecimento, distintas não apenas pelo seu princípio, mas também pelo seu objeto"[64]. É que era preciso afirmar, contra qualquer forma de racionalismo, a distinção entre os mistérios da fé e as conclusões filosóficas, e ainda a transcendência e precedência daqueles sobre estas; por outro lado, contra as tentações fideístas, tornava-se necessário corroborar a unidade da verdade e também o contributo positivo que o conhecimento racional pode, e deve, dar para o conhecimento da fé: "Mas, embora a fé esteja acima da razão, não poderá existir nunca uma verdadeira divergência entre fé e razão, porque o mesmo Deus que revela os mistérios e comunica a fé, foi quem colocou também, no espírito humano, a luz da razão. E Deus não poderia negar-se a si mesmo, pondo a verdade em contradição com a verdade"[65].

---

63. Cf. CONC. ECUM. VAT. I, Const. dogm. sobre a fé católica *Dei Filius*, II: *DS* 3004; e cân. 2-§1: *DS* 3026.

64. Ibid., IV: *DS* 3015, citado em CONC. ECUM. VAT. II, Const. past. sobre a Igreja no mundo contemporâneo *Gaudium et spes*, 59.

65. CONC. ECUM. VAT. I, Const. dogm. sobre a fé católica *Dei Filius*, IV: *DS* 3017.

54. Neste século, o Magistério voltou várias vezes ao mesmo assunto, alertando contra a tentação racionalista. É nesse horizonte que se devem colocar as intervenções do Papa são Pio X, pondo em relevo como, na base do modernismo, havia posições filosóficas de linha fenomenista, agnóstica e imanentista[66]. E não se pode esquecer a importância que teve a rejeição católica da filosofia marxista e do comunismo ateu[67].

Sucessivamente, o Papa Pio XII fez ouvir a sua voz quando, na carta encíclica *Humani generis*, preveniu contra interpretações errôneas que andavam ligadas com as teses do evolucionismo, do existencialismo e do historicismo. Explicava ele que essas teses não foram elaboradas nem eram propostas por teólogos, mas tinham a sua origem "fora do redil de Cristo"[68]; acrescentava, porém, que tais extravios não deviam ser liminarmente rejeitados, mas examinados criticamente: "Ora, estas tendências, que se afastam em medida desigual da reta via, não podem ser ignoradas ou transcuradas pelos filósofos e teólogos católicos, que têm o grave dever de defender a verdade divina e humana, e de fazê-la penetrar na mente dos homens. Pelo contrário, devem conhecer bem essas opiniões, quer porque as doenças não podem ser curadas, se primeiro não são bem conhecidas, quer porque algumas vezes mesmo nas afirmações falsas se esconde um pouco de verdade, quer finalmente porque os próprios erros forçam a

---

66. Cf. Carta enc. *Pascendi dominici gregis* (8 de setembro de 1907): *ASS* 40 (1907), 596-597.

67. Cf. Pio XI, Carta enc. *Divini Redemptoris* (19 de março de 1937): *AAS* 29 (1937), 65-106.

68. Carta enc. *Humani generis* (12 de agosto de 1950): *AAS* 42 (1950), 562-563.

nossa mente a investigar e a perscrutar, com maior diligência, certas verdades filosóficas e teológicas"[69].

Por último, também a Congregação da Doutrina da Fé, no cumprimento do seu múnus específico ao serviço do magistério universal do Romano Pontífice[70], teve de intervir para sublinhar o perigo que comportava a assunção acrítica, feita por alguns teólogos da libertação, de teses e metodologias provenientes do marxismo[71].

Vemos assim que, no passado, o Magistério exerceu reiteradamente e sob diversas modalidades o discernimento em matéria filosófica. Aquilo que os meus Venerados Predecessores enunciaram constitui um contributo precioso que não pode ser esquecido.

55. Se observarmos a situação atual, constatamos que os problemas retornam, mas com peculiaridades novas. Já não se trata de questões que interessam apenas a indivíduos ou grupos, mas de convicções tão generalizadas no ambiente que se tornam, em certa medida, mentalidade comum. Tal é, por exemplo, a desconfiança radical na razão, que evidenciam as conclusões mais recentes de muitos estudos filosóficos. De várias partes ouviu-se falar, a esse respeito, de "fim da metafísica": querem que a filosofia se contente com tarefas mais modestas, tais como

---

69. Ibid.: *op.cit.*, 563-564.

70. Cf. JOÃO PAULO II, Const. ap. *Pastor Bonus* (28 de junho de 1988) arts. 48-49: *AAS* 80 (1988), 873; CONGR. DA DOUTRINA DA FÉ, Instr. sobre a vocação eclesial do teólogo *Donum veritatis* (24 de maio de 1990), 18: *AAS* 82 (1990), 1558.

71. Cf. Instr. sobre alguns aspectos da "teologia da libertação" *Libertatis nuntius* (6 de agosto de 1984), VII-X: *AAS* 76 (1984), 890-903.

a mera interpretação dos fatos ou apenas a investigação sobre determinados campos do saber humano ou das suas estruturas.

Também, na teologia, voltam a assomar as tentações de outrora. Por exemplo, em algumas teologias contemporâneas comparece novamente um certo *racionalismo*, principalmente quando asserções, consideradas filosoficamente fundadas, são tomadas como normativas para a investigação teológica. Isso sucede sobretudo quando o teólogo, por falta de competência filosófica, se deixa condicionar de modo acrítico por afirmações que já entraram na linguagem e cultura corrente, mas carecem de suficiente base racional[72].

Não faltam também perigosas recaídas no *fideísmo*, que não reconhece a importância do conhecimento racional e do discurso filosófico para a compreensão da fé, melhor, para a própria possibilidade de acreditar em

---

72. Com sua palavra clara e de grande autoridade, o Concílio Vaticano I tinha já condenado esse erro, ao afirmar, por um lado, que, "relativamente à fé (...), a Igreja Católica preconiza que é uma virtude sobrenatural pela qual, sob a inspiração divina e com a ajuda da graça, acreditamos que são verdadeiras as coisas por Ele reveladas, não por causa da verdade intrínseca das coisas percebida pela luz natural da razão, mas por causa da autoridade do próprio Deus que as revela, o qual não pode enganar-se nem enganar" [Const. dogm. sobre a doutrina católica *Dei Filius*, III: *DS* 3008; e cân. 3-§ 2: *DS* 3032]. E, por outro lado, o Concílio declarava que a razão nunca "chega a ser capaz de penetrar [tais mistérios], nem as verdades que formam o seu objeto específico" [ibid., IV: *DS* 3016]. Daqui tirava a seguinte conclusão prática: "Os fiéis cristãos não só não têm o direito de defender, como legítimas conclusões da ciência, as opiniões reconhecidas contrárias à doutrina da fé, especialmente quando estão condenadas pela Igreja, mas são estritamente obrigados a considerá-las como erros, que apenas têm uma ilusória aparência de verdade" [ibid., IV: *DS* 3018].

Deus. Uma expressão, hoje generalizada, desta tendência fideísta é o "biblicismo", que tende a fazer da leitura da Sagrada Escritura, ou da sua exegese, o único referencial da verdade. Assim, acaba-se por identificar a palavra de Deus só com a Sagrada Escritura, anulando desse modo a doutrina da Igreja que o Concílio Ecumênico Vaticano II expressamente reafirmou. Com efeito, a constituição *Dei Verbum*, depois de recordar que a palavra de Deus está presente tanto nos textos sagrados como na Tradição[73], afirma sem rodeios: "A Sagrada Tradição e a Sagrada Escritura constituem um só depósito sagrado da palavra de Deus, confiado à Igreja; aderindo a este, todo o Povo santo persevera unido aos seus Pastores na doutrina dos Apóstolos"[74]. Portanto, a Sagrada Escritura não constitui, para a Igreja, a sua única referência; a "regra suprema da sua fé"[75] provém efetivamente da unidade que o Espírito estabeleceu entre a Sagrada Tradição, a Sagrada Escritura e o Magistério da Igreja, numa reciprocidade tal que os três não podem subsistir de maneira independente[76].

Além disso, não se deve subestimar o perigo que existe quando se quer individuar a verdade da Sagrada Escritura com a aplicação de uma única metodologia, esquecendo a necessidade de uma exegese mais ampla que permita o acesso, em união com toda a Igreja, ao sentido pleno dos textos. Os que se dedicam ao estudo da Sagrada Escritura nunca devem esquecer que as diversas meto-

---

73. Cf. nn. 9-10.
74. Const. dogm. sobre a revelação divina *Dei Verbum*, 10.
75. Ibid., 21.
76. Cf. ibid., 10.

dologias hermenêuticas têm também na sua base uma concepção filosófica: é preciso examiná-las com grande discernimento, antes de as aplicar aos textos sagrados.

Outras formas de fideísmo latente podem-se identificar na pouca consideração que é reservada à teologia especulativa, e ainda no desprezo pela filosofia clássica, de cujas noções provieram os termos para exprimir tanto a compreensão da fé como as próprias formulações dogmáticas. O Papa Pio XII, de veneranda memória, alertou contra esse esquecimento da tradição filosófica e abandono das terminologias tradicionais[77].

56. Constata-se, enfim, uma generalizada desconfiança em relação a asserções globais e absolutas sobretudo da parte de quem pensa que a verdade resulte do consenso, e não da conformidade do intelecto com a realidade objetiva. Compreende-se que, num mundo subdividido em tantos campos de especializações, se torne difícil reconhecer aquele sentido total e último da vida que tradicionalmente a filosofia procurava. Mas nem por isso posso, à luz da fé que reconhece em Jesus Cristo tal sentido último, deixar de encorajar os filósofos, cristãos ou não, a terem confiança nas capacidades da razão humana e a não prefixarem metas demasiado modestas à sua investigação filosófica. A lição da história deste milênio, quase a terminar, testemunha que o caminho a seguir é este: não perder a paixão pela verdade última, nem o anseio de pesquisa, unidos à audácia de descobrir novos percursos. É a fé que incita a razão a sair de qualquer isolamento e a abraçar de

---

77. Cf. Carta enc. *Humani generis* (12 de agosto de 1950): *AAS* 42 (1950), 565-567.571-573.

bom grado qualquer risco por tudo o que é belo, bom e verdadeiro. Desse modo, a fé torna-se advogada convicta e convincente da razão.

2. Solicitude da Igreja pela filosofia

57. O Magistério, porém, não se limitou a pôr em destaque os erros e desvios das doutrinas filosóficas. Mas, com igual cuidado, quis confirmar os princípios fundamentais para uma genuína renovação do pensamento filosófico, indicando mesmo percursos concretos a seguir. Nessa linha, o Papa Leão XIII, com a carta encíclica *Æterni Patris*, realizou um passo de alcance verdadeiramente histórico na vida da Igreja. Efetivamente aquela constitui, até ao dia de hoje, o único documento pontifício dedicado, a esse nível, inteiramente à filosofia. O grande Pontífice retomou e desenvolveu a doutrina do Concílio Vaticano I sobre a relação entre fé e razão, mostrando como o pensamento filosófico é um contributo fundamental para a fé e para a ciência teológica[78]. Passado mais de um século, muitas indicações, lá contidas, nada perderam do seu interesse tanto do ponto de vista prático como pedagógico; a primeira de todas é a que diz respeito ao valor incomparável da filosofia de santo Tomás. A reposição do pensamento do Doutor Angélico era vista pelo Papa Leão XIII como o melhor caminho para se recuperar um uso da filosofia conforme às exigências da fé. Santo Tomás, escrevia ele, "ao mesmo tempo que, como é devido, distingue perfeitamente a fé da razão,

---

78. Cf. Carta enc. *ÆTERNI PATRIS* (4 de agosto de 1879): *ASS* 11 (1878-1879), 97-115.

une-as a ambas com laços de amizade recíproca: conserva os direitos próprios de cada uma e salvaguarda a sua dignidade"[79].

58. São conhecidas as felizes conseqüências que teve este convite pontifício. Os estudos sobre o pensamento de santo Tomás e de outros autores escolásticos receberam novo incentivo. Foi dado um forte impulso aos estudos históricos, de que resultou uma nova descoberta das riquezas do pensamento medieval, até então amplamente desconhecidas, e constituíram-se novas escolas tomistas. Com a aplicação da metodologia histórica, fizeram-se grandes progressos no conhecimento da obra de santo Tomás, e muitos foram os estudiosos que corajosamente introduziram a tradição tomista nas discussões dos problemas filosóficos e teológicos daquele tempo. Os teólogos católicos mais influentes deste século, a cuja reflexão e pesquisa muito deve o Concílio Vaticano II, são filhos de tal renovação da filosofia tomista. E assim a Igreja pôde, no decurso do século XX, dispor de um vigoroso grupo de pensadores, formados na escola do Doutor Angélico.

59. Contudo, a renovação tomista e neotomista não foi o único sinal de retomada do pensamento filosófico na cultura de inspiração cristã. Já antes, e contemporaneamente ao convite do Papa Leão XIII, tinham surgido vários filósofos católicos que, valendo-se de correntes de pensamento mais recentes e com uma metodologia própria, geraram obras filosóficas de grande influência e valor duradouro. Houve quem tivesse organizado sínteses de nível tão alto que nada tinham a invejar aos grandes siste-

---

79. Ibid.: op.cit., 109.

mas do idealismo, e quem pusesse as bases epistemológicas para uma nova exposição da fé, à luz de uma renovada compreensão da consciência moral; houve quem tivesse elaborado uma filosofia que, partindo da análise da imanência, abria o caminho para o transcendente, e quem tentasse traduzir as exigências da fé no horizonte da metodologia fenomenológica. Em suma, partindo de diversas perspectivas, continuou-se a elaborar formas de reflexão filosófica, que visavam manter viva a grande tradição do pensamento cristão na unidade de fé e razão.

60. O Concílio Ecumênico Vaticano II, por sua vez, apresenta uma doutrina muito rica e fecunda a propósito da filosofia. Não posso esquecer, sobretudo no contexto desta carta encíclica, que um capítulo inteiro da constituição *Gaudium et spes* constitui uma espécie de compêndio de antropologia bíblica, fonte de inspiração também para a filosofia. Naquelas páginas, trata-se do valor da pessoa humana criada à imagem de Deus, indicam-se os motivos da sua dignidade e superioridade relativamente ao resto da criação, e mostra-se a capacidade transcendente da sua razão[80]. Na referida Constituição conciliar, considera-se também o problema do ateísmo e denunciam-se, juntamente com suas causas, os erros dessa visão filosófica, sobretudo no que diz respeito à dignidade inalienável da pessoa e da sua liberdade[81]. E um profundo significado filosófico reveste também o ponto culminante daquelas páginas, que transcrevia já na minha primeira carta encíclica, a *Redemptor hominis*, e mantive como um dos pon-

---

80. Cf. nn. 14-15.
81. Cf. ibid., 20-21.

tos de referência constante no meu magistério: "Na realidade, o mistério do homem só no mistério do Verbo encarnado se esclarece verdadeiramente. Adão, o primeiro homem, era efetivamente figura do futuro, isto é, de Cristo Senhor. Cristo, novo Adão, na própria revelação do mistério do Pai e do seu amor, revela o homem a si mesmo e descobre-lhe a sua vocação sublime"[82].

O Concílio ocupou-se também do estudo da filosofia, ao qual se devem dedicar os candidatos ao sacerdócio; são recomendações que se podem generalizar a todo o ensino cristão. Afirma-se num dos documentos conciliares: "As disciplinas filosóficas sejam ensinadas de forma que os alunos possam adquirir, antes de mais, um conhecimento sólido e coerente do homem, do mundo e de Deus, apoiados num patrimônio filosófico perenemente válido, tendo em conta as investigações filosóficas dos tempos atuais"[83].

Essas diretrizes foram depois retomadas e especificadas em outros documentos do Magistério, com o intuito de garantir uma sólida formação filosófica sobretudo àqueles que se preparam para os estudos teológicos. Também eu sublinhei, em várias ocasiões, a importância desta formação filosófica para todos os que, um dia, terão de enfrentar, na vida pastoral, as questões do mundo atual e individuar as causas de determinados comportamentos, a fim de lhes dar pronta resposta[84].

---

[82]. Ibid., 22; cf. JOÃO PAULO II, Carta enc. *Redemptor hominis* (4 de março de 1979), 8: *AAS* 71 (1979), 271-272.

[83]. Decr. sobre a formação sacerdotal *Optatam totius*, 15.

[84]. Cf. JOÃO PAULO II, Const. ap. *Sapientia christiana* (15 de abril de 1979), arts. 79-80: *AAS* 71 (1979), 495-496; Exort. ap. pós-sinodal

61. Se foi necessário intervir, em diversas circunstâncias, sobre este tema, reiterando o valor das intuições do Doutor Angélico e insistindo a favor da aquisição do seu pensamento, isso ficou a dever-se também ao fato de não terem sido sempre observadas as diretrizes do Magistério, com a solicitude desejada. De fato, nos anos posteriores ao Concílio Vaticano II, pôde observar-se, em muitas escolas católicas, um certo declínio nessa matéria, devido à menor estima sentida não apenas pela filosofia escolástica, mas pelo estudo da filosofia em geral. Com surpresa e mágoa, tenho de constatar que vários teólogos compartilham este desinteresse pelo estudo da filosofia.

Na base dessa indiferença, há diversas razões. Em primeiro lugar, aquela falta de confiança na razão que se manifesta em grande parte da filosofia contemporânea, abandonando em larga escala a investigação metafísica das questões últimas do homem para concentrar a sua atenção sobre problemas particulares e regionais, às vezes puramente formais. Depois, há que acrescentar o equívoco que se gerou sobretudo a respeito das "ciências huma-

---

Pastores dabo vobis (25 de março de 1992), 52: *AAS* 84 (1992), 750-751. Vejam-se também algumas reflexões sobre a filosofia de santo Tomás: Discurso na Pontifícia Universidade de santo Tomás (17 de novembro de 1979): *L'Osservatore Romano* (ed. portuguesa de 25 de novembro de 1979), 1; Discurso aos participantes no VIII Congresso Tomista Internacional (13 de setembro de 1980): *L'Osservatore Romano* (ed. portuguesa de 28 de setembro de 1980), 4; Discurso aos participantes no Congresso Internacional da Sociedade santo Tomás de Aquino sobre "A doutrina tomista da alma" (4 de janeiro de 1986): *L'Osservatore Romano* (ed. portuguesa de 12 de Janeiro de 1986), 9. E ainda: S. CONGR. DA EDUCAÇÃO CATÓLICA, *Ratio fundamentalis institutionis sacerdotalis* (6 de janeiro de 1970), 70-75: *AAS* 62 (1970), 366-368; Decr. *Sacra theologia* (20 de janeiro de 1972): *AAS* 64 (1972), 583-586.

nas". O Concílio Vaticano II afirmou, várias vezes, o valor positivo da pesquisa científica para um conhecimento mais profundo do mistério do homem[85]. Mas, o convite dirigido aos teólogos para conhecerem estas ciências e, se vier a propósito, aplicá-las corretamente nos seus estudos, não deve ser interpretado como uma implícita autorização para marginalizar a filosofia, pondo-a de parte na formação pastoral e na *præparatio fidei*. E, finalmente, não se pode esquecer o interesse novamente sentido pela inculturação da fé. Em particular, a vida das jovens Igrejas permitiu descobrir, ao lado de formas elevadas de pensamento, a presença de múltiplas expressões de sabedoria popular. Isso constitui um autêntico patrimônio de cultura e de tradições. Todavia, o estudo dos costumes tradicionais deve ser acompanhado simultaneamente pela pesquisa filosófica. Será esta que possibilitará fazer sobressair os traços positivos da sabedoria popular, criando a necessária ligação com o anúncio do Evangelho[86].

62. Desejo insistir novamente que o estudo da filosofia reveste um caráter fundamental e indispensável na estrutura dos estudos teológicos e na formação dos candidatos ao sacerdócio. Não é por acaso que o currículo dos estudos teológicos é antecedido por um período de tempo especialmente consagrado ao estudo da filosofia. Essa decisão, confirmada pelo Concílio Ecumênico Lateranense V[87], tem as suas raízes na experiência maturada

---

85. Cf. Const. past. sobre a Igreja no mundo contemporâneo *Gaudium et spes*, 57.62.

86. Cf. ibid., 44.

87. Cf. Bula *Apostolici regimini sollicitudo*, Sessão VIII: *Conc. Œcum. Decreta* (1991), 605-606.

durante a Idade Média, quando foi posta em relevo a importância de uma harmonia construtiva entre o saber filosófico e o teológico. Essa organização dos estudos influenciou, facilitou e promoveu, embora de forma indireta, uma boa parte do progresso da filosofia moderna. Temos um exemplo significativo na influência exercida pelas *Disputationes metaphysicæ* de Francisco Suárez, que eram seguidas até mesmo nas universidades luteranas da Alemanha. Pelo contrário, o abandono dessa metodologia foi causa de graves carências, tanto na formação sacerdotal como na investigação teológica. Basta considerar, por exemplo, como a sua negligência no âmbito do pensamento e da cultura moderna levou ao encerramento de toda a forma de diálogo ou à recepção indiscriminada de qualquer filosofia.

Nutro profunda esperança de que essas dificuldades sejam superadas a partir de uma sábia formação filosófica e teológica, que nunca deve faltar na Igreja.

63. Em virtude das razões aduzidas, senti a urgência de confirmar, por meio desta carta encíclica, o grande interesse que a Igreja tem pela filosofia; ou melhor, a ligação íntima do trabalho teológico com a investigação filosófica da verdade. Daqui nasce o dever que o Magistério tem de discernir e estimular um pensamento filosófico que não esteja em dissonância com a fé. A minha missão é propor alguns princípios e pontos de referência, que considero necessários para se poder instaurar uma relação harmoniosa e eficaz entre a teologia e a filosofia. À luz deles, será possível discernir com maior clareza se e como deve a teologia relacionar-se com os diversos sistemas ou asserções filosóficas que o mundo atual apresenta.

CAPÍTULO VI

INTERAÇÃO DA TEOLOGIA COM A FILOSOFIA

1. *A ciência da fé e as exigências da razão filosófica*

64. A palavra de Deus destina-se a todo homem, de qualquer época e lugar da terra; e o homem, por natureza, é filósofo. Por sua vez, a teologia, enquanto elaboração reflexiva e científica da compreensão da palavra divina à luz da fé, não pode deixar de recorrer às filosofias que vão surgindo ao longo da história, tanto para algumas das suas formas de proceder como para realizar funções mais específicas. Sem pretender indicar aos teólogos metodologias particulares — porque tal não compete ao Magistério —, desejo, porém, lembrar algumas funções próprias da teologia, nas quais, por causa da própria natureza da Palavra revelada, se exige o recurso ao pensamento filosófico.

65. A teologia está organizada, enquanto ciência da fé, à luz de um duplo princípio metodológico: *auditus fidei* e *intellectus fidei*. Com o primeiro, recolhe os conteúdos da Revelação tal como se foram explicitando progressivamente na Sagrada Tradição, na Sagrada Escritura e no Magistério vivo da Igreja[88]. Pelo segundo, a teologia quer

---

88. Cf. CONC. ECUM. VAT. II, Const. dogm. sobre a revelação divina *Dei Verbum*, 10.

responder às exigências próprias do pensamento, por meio da reflexão especulativa.

Quanto à preparação para um correto *auditus fidei*, a filosofia proporciona à teologia a sua ajuda peculiar, quando examina a estrutura do conhecimento e da comunicação pessoal, e sobretudo as várias formas e funções da linguagem. Igualmente importante é a contribuição da filosofia para uma compreensão mais coerente da Tradição eclesial, das intervenções do Magistério e das sentenças dos grandes mestres da teologia: estes, de fato, exprimem-se freqüentemente por conceitos e formas de pensamento conotados com determinada tradição filosófica. Nesse caso, pede-se ao teólogo não só que exponha conceitos e termos por meio dos quais a Igreja possa refletir e elaborar a sua doutrina, mas que conheça profundamente também os sistemas filosóficos que tenham, porventura, influenciado as noções e a terminologia, a fim de se chegar a interpretações corretas e coerentes.

66. Relativamente ao *intellectus fidei*, importa considerar, antes de mais, que a Verdade divina, "que nos é proposta nas Sagradas Escrituras, interpretadas corretamente pela doutrina da Igreja"[89], goza de uma inteligibilidade própria, logicamente tão coerente que se deve propor como um autêntico saber. O *intellectus fidei* explicita esta verdade, não só quando investiga as estruturas lógicas e conceituais das proposições em que se articula a doutrina da Igreja, mas também e sobretudo quando põe em realce o significado salvífico de tais proposições para o indivíduo e para a humanidade. É pelo conjunto dessas

---

89. S. Tomás de Aquino, *Summa theologiæ*, II-II, 5, 3 ad 2.

proposições que o fiel chega a conhecer a história da salvação, que culmina na pessoa de Jesus Cristo e no seu mistério pascal; ele participa deste mistério, com a sua adesão de fé.

A *teologia dogmática* deve ser capaz de articular o sentido universal do mistério de Deus, Uno e Trino, e da economia da salvação, quer de modo narrativo, quer sobretudo de forma argumentativa. Por outras palavras, deve fazê-lo mediante expressões conceituais, formuladas de modo crítico e universalmente acessível. De fato, sem o contributo da filosofia não seria possível ilustrar certos conteúdos teológicos como, por exemplo, a linguagem sobre Deus, as relações pessoais no seio da Santíssima Trindade, a ação criadora de Deus no mundo, a relação entre Deus e o homem, a identidade de Cristo que é verdadeiro Deus e verdadeiro homem. E o mesmo se diga de diversos temas da teologia moral, em que é preciso recorrer, de imediato, a conceitos como lei moral, consciência, liberdade, responsabilidade pessoal, culpa etc., cuja definição provém da ética filosófica.

Por isso, é necessário que a razão do fiel tenha um conhecimento natural, verdadeiro e coerente das coisas criadas, do mundo e do homem, que são também objeto da revelação divina; mais ainda, ela deve ser capaz de articular este conhecimento de maneira conceitual e argumentativa. Assim, a teologia dogmática especulativa pressupõe e implica uma filosofia do homem, do mundo e, mais radicalmente, do próprio ser, fundada sobre a verdade objetiva.

67. A *teologia fundamental*, pelo seu próprio caráter de disciplina que tem por função dar razão da fé (cf. 1Pd

3,15), deverá procurar justificar e explicitar a relação entre a fé e a reflexão filosófica. Já o Concílio Vaticano I, reafirmando o ensinamento paulino (cf. Rm 1,19-20), chamara a atenção para o fato de existirem verdades que se podem conhecer de modo natural e, conseqüentemente, filosófico. O seu conhecimento constitui um pressuposto necessário para acolher a revelação de Deus. Quando a teologia fundamental estuda a Revelação e a sua credibilidade com o relativo ato de fé, deverá mostrar como emergem, à luz do conhecimento pela fé, algumas verdades que a razão, autonomamente, já encontra ao longo do seu caminho de pesquisa. A essas verdades, a Revelação confere-lhes plenitude de sentido, orientando-as para a riqueza do mistério revelado, no qual encontram o seu fim último. Basta pensar, por exemplo, ao conhecimento natural de Deus, à possibilidade de distinguir a revelação divina de outros fenômenos, ou ao conhecimento da sua credibilidade, à capacidade que tem a linguagem humana de falar, de modo significativo e verdadeiro, mesmo do que ultrapassa a experiência humana. Por todas essas verdades, a mente é levada a reconhecer a existência de uma via realmente propedêutica à fé, que pode desembocar no acolhimento da Revelação, sem faltar minimamente aos seus próprios princípios e autonomia[90].

---

90. "A busca das condições, nas quais o homem faz por si próprio as primeiras perguntas fundamentais acerca do sentido da vida, do fim que lhe deseja dar e daquilo que o espera depois da morte, constitui para a Teologia Fundamental o preâmbulo necessário, para que, também hoje, a fé possa mostrar plenamente o caminho a uma razão em busca sincera da verdade" [JOÃO PAULO II, Carta aos participantes no Congresso Internacional de Teologia Fundamental por ocasião do 125º aniversário da promulgação da Const. dogm. "Dei Filius" (30 de setembro de 1995), 4: *L'Osservatore Romano*, (ed. portuguesa de 7 de outubro de 1995), 10].

Da mesma forma, a teologia fundamental deverá manifestar a compatibilidade intrínseca entre a fé e a sua exigência essencial de se explicitar por meio de uma razão capaz de dar com plena liberdade o seu consentimento. Assim, a fé saberá "mostrar plenamente o caminho a uma razão em busca sincera da verdade. Desse modo a fé, dom de Deus, apesar de não se basear na razão, certamente não pode existir sem ela; ao mesmo tempo, surge a necessidade de que a razão se fortifique na fé, para descobrir os horizontes aos quais, sozinha, não poderia chegar"[91].

68. A *teologia moral* tem, possivelmente, uma necessidade ainda maior do contributo filosófico. Na Nova Aliança, a vida humana está efetivamente muito menos regulada por prescrições do que na Antiga. A vida no Espírito conduz os fiéis a uma liberdade e responsabilidade que ultrapassam a própria Lei. No entanto, o Evangelho e os escritos apostólicos não deixam de propor ora princípios gerais de conduta cristã, ora ensinamentos e preceitos específicos; para aplicá-los às circunstâncias concretas da vida individual e social, o cristão tem necessidade de valer-se plenamente da sua consciência e da força do seu raciocínio. Por outras palavras, a teologia moral deve recorrer a uma visão filosófica correta tanto da natureza humana e da sociedade, como dos princípios gerais duma decisão ética.

69. Talvez se possa objetar que, na situação atual, o teólogo, mais do que à filosofia, deveria recorrer à ajuda de outras formas do saber humano, concretamente à história e sobretudo às ciências, de que todos admiram os

---

91. Ibid., 4: op.cit., 10.

progressos extraordinários recentemente alcançados. Outros, impelidos por uma maior sensibilidade à relação entre fé e culturas, defendem que a teologia deveria dar preferência às sabedorias tradicionais, em vez de uma filosofia de origem grega e eurocêntrica. Outros ainda, partindo duma concepção errada do pluralismo de culturas, negam simplesmente o valor universal do patrimônio filosófico abraçado pela Igreja.

Os aspectos sublinhados, já presentes aliás na doutrina conciliar[92], contêm uma parte de verdade. O referimento às ciências, útil em muitos casos porque permite um conhecimento mais completo do objeto de estudo, não deve, porém, fazer esquecer a necessidade que há da mediação duma reflexão tipicamente filosófica, crítica e aberta ao universal, solicitada também por um fecundo intercâmbio entre as culturas. A minha preocupação é pôr em destaque o dever de não se ficar no caso isolado e concreto, descuidando assim a tarefa primária que é manifestar o caráter universal do conteúdo de fé. Além disso, não se deve esquecer que a peculiar contribuição do pensamento filosófico permite discernir, tanto nas diversas concepções da vida como nas culturas, "não o que os homens pensam, mas qual é a verdade objetiva"[93]. Não as diversas opiniões humanas, mas somente a verdade pode servir de ajuda à filosofia.

70. Além do mais, o tema da relação com as culturas merece uma reflexão específica, apesar de necessariamente

---
92. Cf. CONC. ECUM. VAT. II, Const. past. sobre a Igreja no mundo contemporâneo *Gaudium et spes*, 15; Decr. sobre a atividade missionária da Igreja *Ad gentes*, 22.

93. S. TOMÁS DE AQUINO, *De Cælo* 1, 22.

não exaustiva, pelas implicações que daí derivam para as vertentes filosófica e teológica. O processo de encontro e comparação com as culturas é uma experiência que a Igreja viveu desde os começos da pregação do Evangelho. O mandato de Cristo aos discípulos para irem, a toda a parte "até aos confins do mundo" (At 1,8), transmitir a verdade revelada por Ele, fez com que a comunidade cristã pudesse bem cedo dar-se conta da universalidade do anúncio e dos obstáculos resultantes da diversidade das culturas. Um trecho da carta de são Paulo aos cristãos de Éfeso oferece uma válida ajuda para compreender como a Comunidade Primitiva enfrentou este problema. Escreve o Apóstolo: "Agora porém, vós, que outrora estáveis longe, pelo Sangue de Cristo vos aproximastes. Ele é a nossa paz, Ele que de dois povos fez um só, destruindo o muro de inimizade que os separava" (2,13-14).

Iluminada por esse texto, a nossa reflexão pode debruçar-se sobre a transformação que se operou nos gentios quando abraçaram a fé. As barreiras que separam as diversas culturas caem diante da riqueza da salvação, realizada por Cristo. Agora, em Cristo, a promessa de Deus torna-se uma oferta universal: não limitada já à dimensão particular de um povo, da sua língua ou dos seus costumes, mas alargada a todos, como um patrimônio ao qual cada um pode livremente ter acesso. Dos mais diversos lugares e tradições, todos são chamados, em Cristo, a participar na unidade da família dos filhos de Deus. Cristo faz com que dois povos se tornem "um só". Os que "estavam longe" ficaram "próximos", graças à novidade gerada pelo mistério pascal. Jesus derruba os muros de divisão e realiza a unificação, de um modo original e supremo, por meio da participação no seu mistério. Essa unidade é tão profunda que a Igreja pode dizer com são Paulo: "Já não sois hóspedes nem peregrinos, mas sois concidadãos dos santos e membros da família de Deus" (Ef 2,19).

Nessa asserção tão simples está contida uma grande verdade: o encontro da fé com as diversas culturas deu vida a uma nova realidade. Na verdade, quando as culturas estão profundamente radicadas na natureza humana, contêm em si mesmas o testemunho da abertura, própria do homem, ao universal e à transcendência. É por isso que elas apresentam perspectivas distintas da verdade, que são de evidente utilidade para o homem, porque lhe fazem vislumbrar valores capazes de tornar a sua existência sempre mais humana[94]. Por outro lado, na medida em que evocam os valores das tradições antigas, as culturas trazem consigo — embora de modo implícito, mas nem por isso menos real — a referência à manifestação de Deus na natureza, como se viu antes nos textos sapienciais e no ensinamento de são Paulo.

71. Uma vez que as culturas estão intimamente relacionadas com os homens e a sua história, partilham das mesmas dinâmicas do tempo humano. E, conseqüentemente, registam transformações e progressos com os encontros que os homens promovem e com as recíprocas transmissões dos seus modelos de vida. As culturas alimentam-se com a comunicação de valores, e a sua vitalidade e subsistência dependem da sua capacidade de permanecerem abertas para acolher a novidade. Como se explicam tais

---

94. Cf. CONC. ECUM. VAT. II, Const. past. sobre a Igreja no mundo contemporâneo *Gaudium et spes*, 53-59.

dinâmicas? Todo o homem está integrado numa cultura; depende dela, e sobre ela influi. É simultaneamente filho e pai da cultura na qual está inserido. Em cada manifestação da sua vida, o homem traz consigo algo que o caracteriza no meio da criação: a sua constante abertura ao mistério e o seu desejo inexaurível de conhecimento. Em conseqüência, cada cultura traz gravada em si mesma e deixa transparecer a tensão para uma plenitude. Pode-se, portanto, dizer que a cultura contém em si própria a possibilidade de acolher a revelação divina.

Também o modo como os cristãos vivem a fé está imbuído da cultura do ambiente circundante, e vai progressivamente contribuindo, por sua vez, para modelar as características do mesmo. Os cristãos transmitem, a cada cultura, a verdade imutável que Deus revelou na história e na cultura dum povo. Ao longo dos séculos, continua a reproduzir-se o mesmo fenômeno testemunhado pelos peregrinos presentes em Jerusalém, no dia de Pentecostes. Ao escutarem os Apóstolos, perguntavam-se: "Não são, acaso, galileus todos esses que estão falando? Como é pois, que os ouvimos falar, cada um de nós, no próprio idioma em que nascemos? Partos, medos, elamitas, habitantes da Mesopotâmia, da Judéia e da Capadócia, do Ponto e da Ásia, da Frígia e da Panfília, do Egito e das regiões da Líbia, vizinha de Cirene, colonos de Roma, judeus e prosélitos, cretenses e árabes, ouvimo-los anunciar nas nossas línguas as maravilhas de Deus!" (At 2,7-11). O anúncio do Evangelho nas diversas culturas, ao exigir de cada um dos destinatários a adesão da fé, não os impede de conservar a própria identidade cultural. Isso não provoca qualquer divisão, pois o povo dos batizados distingue-se por uma universalidade que é capaz de acolher todas as culturas, fazendo com que aquilo que nelas está implícito se desenvolva até à sua explanação plena na verdade.

Em conseqüência disso, uma cultura nunca pode servir de critério de juízo e, menos ainda, de critério último de verdade a respeito da revelação de Deus. O Evangelho não é contrário a esta ou àquela cultura, como se quisesse, ao encontrar-se com ela, privá-la daquilo que lhe pertence, e a obrigasse a assumir formas extrínsecas que lhe são estranhas. Pelo contrário, o anúncio que o fiel leva ao mundo e às culturas é uma forma real de libertação de toda a desordem introduzida pelo pecado e, simultaneamente, uma chamada à verdade plena. Nesse encontro, as culturas não são privadas de nada, antes são estimuladas a abrirem-se à novidade da verdade evangélica, de que recebem impulso para novos progressos.

72. O fato da missão evangelizadora ter encontrado em primeiro lugar no seu caminho a filosofia grega não constitui de forma alguma impedimento para outros relacionamentos. Hoje, à medida que o Evangelho entra em contato com áreas culturais que estiveram até agora fora do âmbito de irradiação do cristianismo, novas tarefas se abrem à inculturação. Colocam-se à nossa geração problemas análogos aos que a Igreja teve de enfrentar nos primeiros séculos.

O meu pensamento vai espontaneamente até às terras do Oriente, tão ricas de tradições religiosas e filosóficas muito antigas. Entre elas, ocupa um lugar especial a Índia. Um grande ímpeto espiritual leva o pensamento indiano a procurar uma experiência que, libertando o espírito dos condicionamentos de tempo e espaço, tenha valor de absoluto. No dinamismo dessa busca de libertação, situam-se grandes sistemas metafísicos.

Compete aos cristãos de hoje, sobretudo aos da Índia, a tarefa de extrair desse rico patrimônio os elementos compatíveis com a sua fé, para se obter um enriquecimento do pensamento cristão. Nessa obra de discernimento, que tem a sua fonte de inspiração na declaração conciliar *Nostra aetate*, deverão ter em consideração um certo número de critérios. O primeiro é a universalidade do espírito humano, cujas exigências fundamentais são idênticas nas mais distintas culturas. O segundo, derivado do anterior, consiste no seguinte: quando a Igreja entra em contato com grandes culturas que nunca tinha encontrado antes, não pode pôr à parte o que adquiriu pela inculturação no pensamento greco-latino. Rejeitar uma tal herança seria contrariar o desígnio providencial de Deus, que conduz a sua Igreja pelos caminhos do tempo e da história. Aliás, esse critério é válido para a Igreja de todos os tempos — também para a Igreja de amanhã, que se sentirá enriquecida com as aquisições resultantes do encontro em nossos dias com as culturas orientais, e desta herança há de tirar, por sua vez, indicações novas para entrar frutuosamente em diálogo com as culturas que a humanidade fizer florir no seu caminho rumo ao futuro. Em terceiro lugar, há de precaver-se por não confundir a legítima reivindicação de especificidade e originalidade do pensamento indiano, com a idéia de que uma tradição cultural deve enclausurar-se na sua diferença e afirmar-se pela sua oposição às outras tradições — idéia essa que seria contrária precisamente à natureza do espírito humano.

O que fica dito para a Índia vale também para a herança das grandes culturas da China, do Japão e demais países da Ásia, bem como das riquezas das culturas tradicionais da África, transmitidas sobretudo por via oral.

73. À luz dessas considerações, a justa relação que se deve instaurar entre a teologia e a filosofia há de ser pautada por uma reciprocidade circular. Quanto à teologia, o seu ponto de partida e fonte primeira terá de ser sempre a palavra de Deus revelada na história, ao passo que o objetivo final só poderá ser uma compreensão cada vez mais profunda dessa mesma palavra por parte das sucessivas gerações. Visto que a palavra de Deus é Verdade (cf. Jo 17,17), uma melhor compreensão dela só tem a beneficiar com a busca humana da verdade, ou seja, o filosofar, no respeito das leis que lhe são próprias. Não se trata simplesmente de utilizar, no raciocínio teológico, qualquer conceito ou parcela dum sistema filosófico; o fato decisivo é que a razão do crente exerce as suas capacidades de reflexão na busca da verdade, dentro dum movimento que, partindo da palavra de Deus, procura alcançar uma melhor compreensão da mesma. É claro, de resto, que a razão, movendo-se dentro destes dois pólos — palavra de Deus e melhor conhecimento desta —, encontra-se prevenida, e de algum modo guiada, para evitar percursos que poderiam conduzi-la fora da Verdade revelada e, em última análise, fora pura e simplesmente da verdade; mais ainda, ela sente-se estimulada a explorar caminhos que, sozinha, nem sequer suspeitaria de poder percorrer. Essa relação de reciprocidade circular com a Palavra de Deus enriquece a filosofia, porque a razão descobre horizontes novos e inesperados.

74. A prova da fecundidade de tal relação é oferecida pela própria vida de grandes teólogos cristãos que se distinguiram também como grandes filósofos, deixando escritos de tamanho valor especulativo que justificam ser colocados ao lado dos grandes mestres da filosofia

antiga. Isso é válido tanto para os Padres da Igreja, entre os quais há que citar pelo menos os nomes de são Gregório Nazianzeno e santo Agostinho, como para os Doutores medievais entre os quais sobressai a grande tríade formada por santo Anselmo, são Boaventura e santo Tomás de Aquino. A relação entre a filosofia e a palavra de Deus manifesta-se fecunda também na investigação corajosa realizada por pensadores mais recentes, de entre os quais me apraz mencionar, no âmbito ocidental, personagens como John Henry Newman, Antônio Rosmini, Jacques Maritain, Étienne Gilson, Edith Stein, e, no âmbito oriental, estudiosos com a estatura de Vladimir S. Solov'ev, Pavel A. Florenskij, Petr J. Caadaev, Vladimir N. Losskij. Ao referir esses autores, ao lado dos quais outros nomes poderiam ser citados, não tenciono obviamente dar aval a todos os aspectos do seu pensamento, mas apenas propô-los como exemplos significativos de um caminho de pesquisa filosófica que tirou notáveis vantagens da sua confrontação com os dados da fé. Uma coisa é certa: a consideração do itinerário espiritual desses mestres não poderá deixar de contribuir para o avanço na busca da verdade e na utilização dos resultados conseguidos para o serviço do homem. Espera-se que esta grande tradição filosófico-teológica encontre, hoje e no futuro, os seus continuadores e estudiosos para bem da Igreja e da humanidade.

2. *Diferentes estádios da filosofia*

75.   Como consta da história das relações entre a fé e a filosofia, apontada acima brevemente, podem distinguir-se diversos estádios da filosofia relativamente à fé cristã.

O primeiro é a *filosofia totalmente independente da revelação evangélica*: é o estádio da filosofia, existente historicamente nas épocas que precederam o nascimento do Redentor, e, mesmo depois dele, nas regiões onde o Evangelho ainda não chegou. Nessa situação, a filosofia apresenta a legítima aspiração de ser um empreendimento *autônomo*, ou seja, que procede segundo as suas próprias leis, valendo-se simplesmente das forças da razão. Embora cientes dos graves limites devidos à debilidade congênita da razão humana, uma tal aspiração deve ser apoiada e fortalecida. De fato, o trabalho filosófico, como busca da verdade no âmbito natural, pelo menos implicitamente permanece aberto ao sobrenatural.

E, mesmo quando é o próprio discurso teológico que se serve de conceitos e argumentações filosóficas, a exigência de correta autonomia do pensamento há de ser respeitada. Com efeito, a argumentação conduzida segundo rigorosos critérios racionais é garantia para a obtenção de resultados universalmente válidos. Também aqui se verifica o princípio segundo o qual a graça não destrói, mas aperfeiçoa a natureza: a anuência de fé, que envolve a inteligência e a vontade, não destrói mas aperfeiçoa o livre arbítrio do fiel, que acolhe em si próprio o dado revelado.

Dessa exigência em si mesma correta, afasta-se nitidamente a teoria da chamada filosofia "separada", sustentada por vários filósofos modernos. Mais do que afirmação da justa autonomia do filosofar, ela constitui a reivindicação duma autosuficiência do pensamento que é claramente ilegítima: rejeitar as contribuições de verdade vindas da revelação divina significa efetivamente impedir o acesso a um conhecimento mais profundo da verdade, danificando precisamente a filosofia.

76. Um segundo estádio da filosofia é aquilo que muitos designam com a expressão *filosofia cristã*. A denominação, em si mesma, é legítima, mas não deve dar margem a equívocos: com ela, não se pretende aludir a uma filosofia oficial da Igreja, já que a fé enquanto tal não é uma filosofia. Com aquela designação, deseja-se sobretudo indicar um modo cristão de filosofar, uma reflexão filosófica concebida em união vital com a fé. Por conseguinte, não se refere simplesmente a uma filosofia elaborada por filósofos cristãos que, na sua pesquisa, quiseram não contradizer a fé. Quando se fala de filosofia cristã, pretende-se abraçar todos aqueles importantes avanços do pensamento filosófico que não seriam alcançados sem a contribuição, direta ou indireta, da fé cristã.

Assim, a filosofia cristã contém dois aspectos: um subjetivo, que consiste na purificação da razão por parte da fé. Esta, enquanto virtude teologal, liberta a razão da presunção — uma típica tentação a que os filósofos facilmente estão sujeitos. Já são Paulo e os Padres da Igreja, e mais recentemente filósofos, como Pascal e Kierkegaard, a estigmatizaram. Com a humildade, o filósofo adquire também a coragem para enfrentar algumas questões que dificilmente poderia resolver sem ter em consideração os dados recebidos da Revelação. Basta pensar, por exemplo, nos problemas do mal e do sofrimento, na identidade pessoal de Deus e na questão acerca do sentido da vida, ou, mais diretamente, na pergunta metafísica radical: "Porque existe o ser?".

Temos, depois, o aspecto objetivo, que diz respeito aos conteúdos: a Revelação propõe claramente algumas verdades que, embora sejam acessíveis à razão por via natural, possivelmente nunca seriam descobertas por ela, se tivesse sido abandonada a si própria. Colocam-se, neste horizonte, questões como o conceito de um Deus pessoal, livre e criador, que tanta importância teve para o progresso do pensamento filosófico e, de modo particular, para a filosofia do ser. Pertence ao mesmo âmbito a realidade do pecado, tal como é vista pela luz da fé, e que ajuda a filosofia a enquadrar adequadamente o problema do mal. Também a concepção da pessoa como ser espiritual é uma originalidade peculiar da fé: o anúncio cristão da dignidade, igualdade e liberdade dos homens influiu seguramente sobre a reflexão filosófica, realizada pelos filósofos modernos. Nos tempos mais recentes, pode-se mencionar a descoberta da importância que tem, também para a filosofia, o acontecimento histórico, centro da revelação cristã. Não foi por acaso que aquele se tornou perne de uma filosofia da história, que se apresenta como um novo capítulo da busca humana da verdade.

Entre os elementos objetivos da filosofia cristã, inclui-se também a necessidade de explorar a racionalidade de algumas verdades expressas pela Sagrada Escritura, tais como a possibilidade de uma vocação sobrenatural do homem e também o próprio pecado original. São tarefas que induzem a razão a reconhecer que existe a verdade e o racional, muito para além dos limites estreitos nos quais ela seria tentada a encerrar-se. Essas temáticas ampliam, de fato, o âmbito do racional.

Ao refletirem sobre esses conteúdos, os filósofos não se tornaram teólogos, já que não procuraram compreender e ilustrar as verdades da fé a partir da Revelação; continuaram a trabalhar no seu próprio terreno e com a sua metodologia puramente racional, mas alargando a sua investigação a novos âmbitos da verdade. Pode-se dizer que, sem esse influxo estimulante da palavra de Deus, boa parte da filosofia moderna e contemporânea não existiria. O dado mantém toda a sua relevância, mesmo diante da constatação decepcionante de não poucos pensadores desses últimos séculos que abandonaram a ortodoxia cristã.

77. Outro estádio significativo da filosofia verifica-se quando é *a própria teologia* que *chama em causa a filosofia*. Na verdade, a teologia sempre teve, e continua a ter, necessidade da contribuição filosófica. Realizado pela razão crítica à luz da fé, o trabalho teológico pressupõe e exige, ao longo de toda a sua pesquisa, uma razão conceitual e argumentativamente educada e formada. Além disso, a teologia precisa da filosofia como interlocutora, para verificar a inteligibilidade e a verdade universal das suas afirmações. Não foi por acaso que os Padres da Igreja e os teólogos medievais assumiram, para tal função explicativa, filosofias não cristãs. Este fato histórico indica o valor da *autonomia* que a filosofia conserva mesmo neste terceiro estádio, mas mostra igualmente as transformações necessárias e profundas que ela deve sofrer.

É precisamente no sentido de uma contribuição indispensável e nobre que a filosofia foi chamada, desde a Idade Patrística, *ancilla theologiæ*. De fato, o título não foi atribuído para indicar uma submissão servil ou um papel puramente funcional da filosofia relativamente à teologia; mas no mesmo sentido em que Aristóteles falava das ciências experimentais como "servas" da "filosofia primeira". A expressão, hoje dificilmente utilizável devido aos princípios de autonomia antes mencionados, foi usada ao longo da história para indicar a necessidade da relação entre as duas ciências e a impossibilidade de uma sua separação.

Se o teólogo se recusasse a utilizar a filosofia, arriscar-se-ia a fazer filosofia sem o saber e a fechar-se em estruturas de pensamento pouco idôneas à compreensão da fé. Se o filósofo, por sua vez, excluísse todo o contato com a teologia, ver-se-ia na obrigação de apoderar-se por conta própria dos conteúdos da fé cristã, como aconteceu com alguns filósofos modernos. Tanto num caso como noutro, surgiria o perigo da destruição dos princípios básicos de autonomia que cada ciência justamente quer ver garantidos.

O estádio da filosofia agora considerado, devido às implicações que comporta na compreensão da Revelação, está, como acontece com a teologia, mais diretamente colocado sob a autoridade do Magistério e do seu discernimento, como expus mais acima. Das verdades de fé derivam, efetivamente, determinadas exigências que a filosofia deve respeitar, quando entra em relação com a teologia.

78. À luz dessas reflexões, é fácil compreender porque tenha o Magistério louvado reiteradamente os méritos do pensamento de santo Tomás, e o tenha proposto como guia e modelo dos estudos teológicos. O que interessava não era tomar posição sobre questões propriamente filosóficas, nem impor a adesão a teses particulares; o objetivo do Magistério era, e continua a ser, mostrar como santo Tomás é um autêntico modelo para quantos buscam a verdade. De fato, na sua reflexão, a exigência da razão e a força da fé encontraram a síntese mais elevada que o

pensamento jamais alcançou, enquanto soube defender a novidade radical trazida pela Revelação, sem nunca humilhar o caminho próprio da razão.

79. Ao explicitar melhor os conteúdos do Magistério precedente, é minha intenção, nesta última parte, indicar algumas exigências que a teologia — e, ainda antes, a palavra de Deus — coloca, hoje, ao pensamento filosófico e às filosofias atuais. Como já assinalei, o filósofo deve proceder segundo as próprias regras e basear-se sobre os próprios princípios; todavia, a verdade é uma só. A Revelação, com os seus conteúdos, não poderá nunca humilhar a razão nas suas descobertas e na sua legítima autonomia; a razão, por sua vez, não deverá perder nunca a sua capacidade de interrogar-se e de interrogar, consciente de não poder arvorar-se em valor absoluto e exclusivo. A verdade revelada, projetando plena luz sobre o ser a partir do esplendor que lhe vem do próprio Ser subsistente, iluminará o caminho da reflexão filosófica. Em resumo, a revelação cristã torna-se o verdadeiro ponto de enlace e confronto entre o pensar filosófico e o teológico, no seu recíproco intercâmbio. Espera-se, pois, que teólogos e filósofos se deixem guiar unicamente pela autoridade da verdade, para que seja elaborada uma filosofia de harmonia com a palavra de Deus. Essa filosofia será o terreno de encontro entre as culturas e a fé cristã, o espaço de entendimento entre fiéis e não fiéis. Ajudará os fiéis a convencerem-se mais intimamente de que a profundidade e a autenticidade da fé saem favorecidas quando esta se une ao pensamento e não renuncia a ele. Mais uma vez, encontramos nos Padres a lição que nos guia nesta con-

vicção: "Crer, nada mais é senão pensar consentindo [...]. Todo o que crê, pensa; crendo pensa, e pensando crê [...]. A fé, se não for pensada, nada é"[95]. Mais: "Se se tira o assentimento, tira-se a fé, pois, sem o assentimento, realmente não se crê"[96].

---

95. S. Agostinho, *De prædestinatione Sanctorum* 2, 5: *PL* 44, 963.

96. Idem, *De fide, spe et caritate*, 7: *CCL* 64, 61.

CAPÍTULO VII

EXIGÊNCIAS E TAREFAS ATUAIS

1. *As exigências irrenunciáveis da palavra de Deus*

80. A Sagrada Escritura contém, de forma explícita ou implícita, toda uma série de elementos que permite alcançar uma perspectiva de notável densidade filosófica acerca do homem e do mundo. Os cristãos foram gradualmente tomando consciência da riqueza contida naquelas páginas sagradas. Delas se conclui que a realidade que experimentamos não é o absoluto: não é incriada, nem se autogerou. Só Deus é o Absoluto. Nas páginas da Bíblia, o homem é visto como *imago Dei*, que contém indicações precisas sobre o seu ser, a sua liberdade e a imortalidade do seu espírito. Uma vez que o mundo criado não é autosuficiente, qualquer ilusão de autonomia que ignore a essencial dependência de Deus de toda criatura — incluindo o homem — leva a dramas que destroem a busca racional da harmonia e do sentido da existência humana.

Também o problema do mal moral — a forma mais trágica do mal — é considerado na Bíblia, dizendo-nos que este não pode ser reduzido a uma mera deficiência devida à matéria, mas é uma ferida que provém de uma manifestação desordenada da liberdade humana. Finalmente, a palavra de Deus apresenta o problema do sentido da existência e revela a resposta para o mesmo, encaminhando o homem para Jesus Cristo, o Verbo de Deus encarnado, que realiza em plenitude a existência humana. Poder-se-iam ainda explicitar outros aspectos da leitura do texto sagrado; de qualquer modo, o que sobressai é a rejeição de toda a forma de relativismo, materialismo, panteísmo.

A convicção fundamental desta "filosofia" presente na Bíblia é que a vida humana e o mundo têm um sentido e caminham para a sua plenitude, que se verifica em Jesus Cristo. O mistério da Encarnação permanecerá sempre o centro de referência para se poder compreender o enigma da existência humana, do mundo criado, e mesmo de Deus. A filosofia encontra, neste mistério, os desafios extremos, porque a razão é chamada a assumir uma lógica que destrói as barreiras em que ela mesma corre o risco de se fechar. Somente aqui, porém, o sentido da existência alcança o seu ponto culminante. Com efeito, torna-se inteligível a essência íntima de Deus e do homem: no mistério do Verbo encarnado, são salvaguardadas a natureza divina e a natureza humana, com sua respectiva autonomia, e simultaneamente manifesta-se aquele vínculo único que as coloca em mútuo relacionamento, sem confusão[97].

81. Deve ter-se em conta que um dos dados mais salientes da nossa situação atual consiste na "crise de sentido". Os pontos de vista, muitas vezes de caráter científico, sobre a vida e o mundo multiplicaram-se tanto que estamos efetivamente assistindo à afirmação crescente do fenômeno da fragmentação do saber. É precisamente isso que torna difícil e freqüentemente vã a procura de um

---

97. Cf. CONC. ECUM. DE CALCEDÓNIA, *Symbolum, definitio*: DS 302.

sentido. E, mais dramático ainda, neste emaranhado de dados e de fatos, em que se vive e que parece constituir a própria trama da existência, tantos se interrogam se ainda tem sentido pôr-se a questão do sentido. A pluralidade das teorias que se disputam a resposta, ou os diversos modos de ver e interpretar o mundo e a vida do homem não fazem senão agravar esta dúvida radical, que facilmente desemboca num estado de ceticismo e indiferença ou nas diversas expressões do niilismo.

Em conseqüência disso, o espírito humano fica muitas vezes ocupado por uma forma de pensamento ambíguo, que o leva a encerrar-se ainda mais em si próprio, dentro dos limites da própria imanência, sem qualquer referência ao transcendente. Privada da questão do sentido da existência, uma filosofia incorreria no grave perigo de relegar a razão para funções meramente instrumentais, sem uma autêntica paixão pela busca da verdade.

Para estar em consonância com a palavra de Deus é necessário, antes de mais, que a filosofia volte a encontrar a sua *dimensão sapiencial* de procura do sentido último e global da vida. Essa primeira exigência, por sinal, constitui um estímulo utilíssimo para a filosofia se conformar com a sua própria natureza. Desse modo, ela não será apenas aquela instância crítica decisiva que indica, às várias partes do saber científico, o seu fundamento e os seus limites, mas representará também a instância última de unificação do saber e do agir humano, levando-os a convergirem para um fim e um sentido definitivos. Essa dimensão sapiencial é ainda mais indispensável hoje, uma vez que o imenso crescimento do poder técnico da humanidade requer uma renovada e viva consciência dos valores últimos. Se viesse a faltar a estes meios técnicos a sua orientação para um fim não meramente utilitarista, poderiam rapidamente revelar-se desumanos e transformar-se mesmo em potenciais destruidores do gênero humano[98].

A palavra de Deus revela o fim último do homem, e dá um sentido global à sua ação no mundo. Por isso, ela convida a filosofia a empenhar-se na busca do fundamento natural desse sentido, que é a religiosidade constitutiva de cada pessoa. Uma filosofia que quisesse negar a possibilidade de um sentido último e global, seria não apenas imprópria, mas errônea.

82. De resto, este papel sapiencial não poderia ser desempenhado por uma filosofia que não fosse, ela própria, um autêntico e verdadeiro saber, isto é, debruçado não só sobre os aspectos particulares e relativos — sejam eles funcionais, formais ou úteis — da realidade, mas sobre a verdade total e definitiva desta, ou seja, sobre o próprio ser do objeto de conhecimento. Daqui, uma segunda exigência: verificar a capacidade do homem chegar ao *conhecimento da verdade*; mais, um conhecimento que alcance a verdade objetiva por meio daquela *adæquatio rei et intellectus*, a que se referem os Doutores da Escolástica[99]. Essa exigência, própria da fé, foi explicitamente reafirmada pelo Concílio Vaticano II: "A inteligência, de fato, não se limita ao domínio dos fenômenos; embora, em conseqüência do pecado, esteja parcialmente obscure-

---

98. Cf. JOÃO PAULO II, Carta enc. *Redemptor hominis* (4 de março de 1979), 15: *AAS* 71 (1979), 286-289.

99. Veja-se, por exemplo, SANTO TOMÁS DE AQUINO, *Summa theologiæ*, I, 16, 1; SÃO BOAVENTURA, *Coll. in Hex.*, 3, 8, 1.

cida e debilitada, ela é capaz de atingir com certeza a realidade inteligível"[100].

Uma filosofia radicalmente fenomenista ou relativista revelar-se-ia inadequada para ajudar no aprofundamento da riqueza contida na palavra de Deus. De fato, a Sagrada Escritura sempre pressupõe que o homem, mesmo quando culpável de duplicidade e mentira, é capaz de conhecer e captar a verdade clara e simples. Nos Livros Sagrados, e de modo particular no Novo Testamento, encontram-se textos e afirmações de alcance propriamente ontológico. Os autores inspirados, com efeito, quiseram formular afirmações verdadeiras, isto é, capazes de exprimir a realidade objetiva. Não se pode dizer que a tradição católica tenha cometido um erro, quando entendeu alguns textos de são João e de são Paulo como afirmações sobre o ser mesmo de Cristo. Ora, quando a teologia procura compreender e explicar essas afirmações, tem necessidade do auxílio duma filosofia que não renegue a possibilidade de um conhecimento objetivamente verdadeiro, embora sempre passível de aperfeiçoamento. Isso vale também para os juízos da consciência moral, que a Sagrada Escritura supõe ser objetivamente verdadeiros[101].

83. As duas exigências, já referidas, implicam uma terceira: ocorre uma filosofia de alcance *autenticamente metafísico*, isto é, capaz de transcender os dados empíricos para chegar, na sua busca da verdade, a algo de absoluto, definitivo, básico. Trata-se duma exigência implícita tan-

---

100. Const. past. sobre a Igreja no mundo contemporâneo *Gaudium et spes*, 15.

101. Cf. João Paulo II, Carta enc. *Veritatis splendor* (6 de agosto de 1993), 57-61: *AAS* 85 (1993), 1179-1182.

to no conhecimento de tipo sapiencial, como de caráter analítico; de modo particular, é uma exigência própria do conhecimento do bem moral, cujo fundamento último é o sumo Bem, o próprio Deus. Não é minha intenção falar aqui da metafísica enquanto escola específica ou particular corrente histórica; desejo somente afirmar que a realidade e a verdade transcendem o elemento factível e empírico, e quero reivindicar a capacidade que o homem possui de conhecer esta dimensão transcendente e metafísica de forma verdadeira e certa, mesmo se imperfeita e analógica. Nesse sentido, a metafísica não deve ser vista como alternativa à antropologia, pois é precisamente ela que permite dar fundamento ao conceito da dignidade da pessoa, assente na sua condição espiritual. De modo particular, a pessoa constitui um âmbito privilegiado para o encontro com o ser e, conseqüentemente, com a reflexão metafísica.

Em toda a parte em que o homem descobre a presença dum apelo ao absoluto e ao transcendente, lá se abre uma fresta para a dimensão metafísica do real: na verdade, na beleza, nos valores morais, na pessoa do outro, no ser, em Deus. Um grande desafio, que nos espera no final deste milênio, é saber realizar a passagem, tão necessária como urgente, do *fenômeno* ao *fundamento*. Não é possível deter-se simplesmente na experiência; mesmo quando esta exprime e manifesta a interioridade do homem e a sua espiritualidade, é necessário que a reflexão especulativa alcance a substância espiritual e o fundamento que a sustenta. Portanto, um pensamento filosófico que rejeitasse qualquer abertura metafísica, seria radicalmente inadequado para desempenhar um papel de mediação na compreensão da Revelação.

A palavra de Deus alude continuamente a realidades que ultrapassam a experiência e até mesmo o pensamento do homem; mas, este "mistério" não poderia ser revelado, nem a teologia poderia de modo algum torná-lo inteligível[102], se o conhecimento humano se limitasse exclusivamente ao mundo da experiência sensível. Por isso, a metafísica constitui uma intermediária privilegiada na pesquisa teológica. Uma teologia, privada do horizonte metafísico, não conseguiria chegar além da análise da experiência religiosa, não permitindo ao *intellectus fidei* exprimir coerentemente o valor universal e transcendente da verdade revelada.

Se insisto tanto no componente metafísico, é porque estou convencido de que este é o caminho obrigatório para superar a situação de crise que aflige atualmente grandes setores da filosofia e, desta forma, corrigir alguns comportamentos errados, difusos na nossa sociedade.

84. A importância da instância metafísica torna-se ainda mais evidente quando se considera o progresso atual das ciências hermenêuticas e das diferentes análises da linguagem. Os resultados alcançados por esses estudos podem ser muito úteis para a compreensão da fé, enquanto manifestam a estrutura do nosso pensar e falar, e o sentido presente na linguagem. Existem, porém, especialistas dessas ciências que tendem, nas suas pesquisas, a deter-se no modo como se compreende e exprime a realidade, prescindindo de verificar a possibilidade de a razão descobrir a essência da mesma. Como não individuar neste

---

102. Cf. Conc. Ecum. Vat. I, Const. dogm. sobre a fé católica *Dei Filius*, IV: *DS* 3016.

comportamento uma confirmação da crise de confiança, que a nossa época está atravessando, acerca das capacidades da razão? Além disso, quando essas teses, baseando-se em convicções apriorísticas, tendem a ofuscar os conteúdos da fé ou a negar a sua validade universal, então não só humilham a razão, mas colocam-se por si mesmas fora de jogo. De fato, a fé pressupõe claramente que a linguagem humana seja capaz de exprimir de modo universal — embora em termos analógicos, mas nem por isso menos significativos — a realidade divina e transcendente[103]. Se assim não fosse, a palavra de Deus, que é sempre palavra divina em linguagem humana, não seria capaz de exprimir nada sobre Deus. A interpretação dessa Palavra não pode remeter-nos apenas de uma interpretação para outra, sem nunca nos fazer chegar a uma afirmação absolutamente verdadeira; caso contrário, não haveria revelação de Deus, mas só a expressão de noções humanas sobre Ele e sobre aquilo que presumivelmente Ele pensa de nós.

85. Bem sei que, aos olhos de muitos dos que atualmente se entregam à pesquisa filosófica, podem parecer árduas essas exigências postas pela palavra de Deus à filosofia. Por isso mesmo, retomando aquilo que, já há algumas gerações, os Sumos Pontífices não cessam de ensinar e que o próprio Concílio Vaticano II confirmou, quero exprimir vigorosamente a convicção de que o homem é capaz de alcançar uma visão unitária e orgânica do saber. Essa é uma das tarefas que o pensamento cristão deverá assumir durante o próximo milênio da era

---

103. Cf. CONC. ECUM. LATERANENSE IV, *De errore abbatis Ioachim*, II: *DS* 806.

cristã. A subdivisão do saber, enquanto comporta uma visão parcial da verdade com a conseqüente fragmentação do seu sentido, impede a unidade interior do homem de hoje. Como poderia a Igreja deixar de preocupar-se? Os Pastores recebem essa função sapiencial diretamente do Evangelho, e não podem eximir-se do dever de concretizá-la.

Considero que todos os que atualmente desejam responder, como filósofos, às exigências que a palavra de Deus põe ao pensamento humano, deveriam elaborar o seu raciocínio sobre a base destes postulados, numa coerente continuidade com aquela grande tradição que, partindo dos antigos, passa pelos Padres da Igreja e os mestres da escolástica até chegar a englobar as conquistas fundamentais do pensamento moderno e contemporâneo. Se conseguir recorrer a esta tradição e inspirar-se nela, o filósofo não deixará de se mostrar fiel à exigência de autonomia do pensamento filosófico.

Neste sentido, é muito importante que, no contexto atual, alguns filósofos se façam promotores da descoberta do papel determinante que tem a tradição para uma forma correta de conhecimento. De fato, o recurso à tradição não é uma mera lembrança do passado; mas constitui sobretudo o reconhecimento dum patrimônio cultural que pertence a toda a humanidade. Poder-se-ia mesmo dizer que somos nós que pertencemos à tradição, e por isso não podemos dispor dela a nosso bel-prazer. É precisamente este enraizamento na tradição que hoje nos permite poder exprimir um pensamento original, novo e aberto para o futuro. Essa observação é ainda mais pertinente para a teologia, não só porque ela possui a Tradição viva da

Igreja como fonte originária[104], mas também porque ela, em virtude disso mesmo, deve ser capaz de recuperar quer a profunda tradição teológica que marcou as épocas precedentes, quer a tradição perene daquela filosofia que, pela sua real sabedoria, conseguiu superar as fronteiras do espaço e do tempo.

86. A insistência sobre a necessidade duma estreita relação de continuidade entre a reflexão filosófica atual e a reflexão elaborada na tradição cristã visa prevenir do perigo que se esconde em algumas correntes de pensamento, hoje particularmente difusas. Embora brevemente, considero oportuno deter-me sobre elas, para pôr em relevo os seus erros e conseqüentes riscos para a atividade filosófica.

A primeira aparece sob o nome de *ecletismo*, termo com o qual se designa o comportamento de quem, na pesquisa, na doutrina e na argumentação, mesmo teológica, costuma assumir idéias tomadas isoladamente de distintas filosofias, sem se preocupar com a sua coerência e conexão sistemática, nem com o seu contexto histórico. Desse modo, a pessoa fica impossibilitada de discernir entre a parte de verdade dum pensamento e aquilo que nele pode ser errado ou inadequado. Também é possível individuar uma forma extrema de ecletismo no abuso retórico dos termos filosóficos, às vezes praticado por alguns teólogos. Esse gênero de instrumentalização não favorece a busca da verdade, nem educa a razão — tanto teológica, como filosófica — a argumentar de forma séria

---

104. Cf. Conc. Ecum. Vat. II, Const. dogm. sobre a revelação divina *Dei Verbum*, 24; Decr. sobre a formação sacerdotal *Optatam totius*, 16.

e científica. O estudo rigoroso e profundo das doutrinas filosóficas, da linguagem que lhes é peculiar, e do contexto em que surgiram, ajuda a superar os riscos do ecletismo e permite uma adequada integração daquelas na argumentação teológica.

87. O ecletismo é um erro de método, mas poderia também ocultar em si as teses próprias do *historicismo*. Para compreender corretamente uma doutrina do passado, é necessário que esteja inserida no seu contexto histórico e cultural. Diversamente, o historicismo toma como sua tese fundamental estabelecer a verdade duma filosofia com base na sua adequação a um determinado período e função histórica. Desse modo nega-se, pelo menos implicitamente, a validade perene da verdade. O que era verdade numa época, afirma o historicista, pode já não sê-lo noutra. Em resumo, a história do pensamento, para ele, reduz-se a uma espécie de achado arqueológico, a que recorre a fim de pôr em evidência posições do passado, em grande parte já superadas e sem significado para o tempo presente. Ora, apesar de a formulação estar de certo modo ligada ao tempo e à cultura, deve-se considerar que a verdade ou o erro nela expressos podem ser, não obstante a distância a espaço-temporal, reconhecidos e avaliados como tais.

Na reflexão teológica, o historicismo tende a maior parte das vezes a apresentar-se sob uma forma de "modernismo". Com a justa preocupação de tornar o discurso teológico atual e assimilável para o homem contemporâneo, faz-se apenas uso das asserções e termos filosóficos mais recentes, descuidando exigências críticas que, à luz da tradição, dever-se-iam eventualmente colocar. Esta forma de modernismo, pelo simples fato de trocar a atualidade pela verdade, revela-se incapaz de satisfazer as exigências de verdade a que a teologia é chamada a dar resposta.

88. Outro perigo a ser considerado é o *cientificismo*. Essa concepção filosófica recusa-se a admitir, como válidas, formas de conhecimento distintas daquelas que são próprias das ciências positivas, relegando para o âmbito da pura imaginação tanto o conhecimento religioso e teológico, como o saber ético e estético. No passado, a mesma idéia aparecia expressa no positivismo e no neopositivismo, que consideravam destituídas de sentido as afirmações de caráter metafísico. A crítica epistemológica desacreditou essa posição; mas, vemo-las agora renascer sob as novas vestes do cientificismo. Na sua perspectiva, os valores são reduzidos a simples produtos da emotividade, e a noção de ser é posta de lado para dar lugar ao fato puro e simples. A ciência prepara-se assim para dominar todos os aspectos da existência humana, por meio do progresso tecnológico. Os sucessos inegáveis no âmbito da pesquisa científica e da tecnologia contemporânea contribuíram para a difusão da mentalidade cientificista, que parece não conhecer fronteiras, quando vemos como penetrou nas diversas culturas e as mudanças radicais que aí provocou.

Infelizmente, deve-se constatar que o cientificismo considera tudo o que se refere à questão do sentido da vida como fazendo parte do domínio do irracional ou da fantasia. Ainda mais decepcionante é a perspectiva apresentada por essa corrente de pensamento a respeito dos outros grandes problemas da filosofia que, quando não passam simplesmente ignorados, são analisados com base em analogias superficiais, destituídas de fundamentação racional. Isso leva ao empobrecimento da reflexão humana, subtraindo-lhe aqueles problemas fundamentais que o *animal rationale* se tem colocado constantemente, desde o início da sua existência sobre a terra. Na mesma linha, ao pôr de lado a crítica que nasce da avaliação ética, a mentalidade cientificista conseguiu fazer com que muitos aceitassem a idéia de que aquilo que se pode realizar tecnicamente torna-se por isso mesmo também moralmente admissível.

89. Portador de perigos não menores é o *pragmatismo*, atitude mental própria de quem, ao fazer as suas opções, exclui o recurso a reflexões abstratas ou a avaliações fundadas sobre princípios éticos. As conseqüências práticas que derivam desta linha de pensamento são notáveis. De modo particular, tem vindo a ganhar terreno uma concepção da democracia que não contempla o referimento a fundamentos de ordem axiológica e, por isso mesmo, imutáveis: a admissibilidade, ou não, de determinado comportamento é decidida com base no voto da maioria parlamentar[105]. A conseqüência de semelhante posição é clara: as grandes decisões morais do homem ficam efetivamente subordinadas às deliberações que os órgãos institucionais vão assumindo pouco a pouco. Mais, a própria antropologia fica fortemente condicionada com a proposta duma visão unidimensional do ser humano, da qual se excluem os grandes dilemas éticos e as análises existenciais sobre o sentido do sofrimento e do sacrifício, da vida e da morte[106].

---

105. Cf. João Paulo II, Carta enc. *Evangelium vitæ* (25 de março de 1995), 69: *AAS* 87 (1995), 481.

106. Neste mesmo sentido, escrevi na minha primeira encíclica, comentando a frase "conhecereis a verdade, e a verdade tornar-vos-á

90. As teses examinadas até aqui conduzem, por sua vez, a uma concepção mais geral, que parece constituir, hoje, o horizonte comum de muitas filosofias que não querem saber do sentido do ser. Estou me referindo à leitura niilista, que é a rejeição de qualquer fundamento e simultaneamente a negação de toda a verdade objetiva. O *niilismo*, antes mesmo de estar em contraste com as exigências e os conteúdos próprios da palavra de Deus, é negação da humanidade do homem e também da sua identidade. De fato, é preciso ter em conta que o olvido do ser implica inevitavelmente a perda de contato com a verdade objetiva e, conseqüentemente, com o fundamento sobre o qual se apóia a dignidade do homem. Desse modo, abre-se espaço à possibilidade de apagar, da face do homem, os traços que revelam a sua semelhança com Deus, conduzindo-o progressivamente a uma destrutiva ambição de poder ou ao desespero da solidão. Uma vez que se privou o homem da verdade, é pura ilusão pretender torná-lo livre. Verdade e liberdade, com efeito, ou caminham juntas, ou juntas miseravelmente perecem.

---

livres" do Evangelho de são João (8,32): "Estas palavras encerram em si uma exigência fundamental e, ao mesmo tempo, uma advertência: a exigência de uma relação honesta para com a verdade, como condição de uma autêntica liberdade; e a advertência, ademais, para que seja evitada qualquer verdade aparente, toda a liberdade superficial e unilateral, toda a liberdade que não compreenda cabalmente a verdade sobre o homem e sobre o mundo. Ainda hoje, depois de dois mil anos, Cristo continua a aparecer-nos como Aquele que traz ao homem a liberdade baseada na verdade, como Aquele que liberta o homem daquilo que limita, diminui e como que despedaça pelas próprias raízes essa liberdade, na alma do homem, no seu coração e na sua consciência" [Carta enc. *Redemptor hominis* (4 de março de 1979), 12: *AAS* 71 (1979), 280-281].

91. Ao comentar as correntes de pensamento acima lembradas, não foi minha intenção apresentar um quadro completo da situação atual da filosofia: aliás, esta dificilmente poderia ser integrada numa visão unitária. Faço questão de assinalar que a herança do saber e da sabedoria se enriqueceu efetivamente em diversos campos. Basta citar a lógica, a filosofia da linguagem, a epistemologia, a filosofia da natureza, a antropologia, a análise profunda das vias afetivas do conhecimento, a perspectiva existencial aplicada à análise da liberdade. Por outro lado, a afirmação do princípio de imanência, que está no âmago da pretensão racionalista, suscitou, a partir do século passado, reações que levaram a pôr radicalmente em questão postulados considerados indiscutíveis. Nasceram assim correntes irracionalistas, ao mesmo tempo que a crítica punha em evidência a inutilidade da exigência de autofundamentação absoluta da razão.

A nossa época foi definida por certos pensadores como a época da "pós-modernidade". Este termo, não raramente usado em contextos muito distanciados entre si, designa a aparição de um conjunto de fatores novos, que, pela sua extensão e eficácia, se revelaram capazes de determinar mudanças significativas e duradouras. Assim, o termo foi primeiramente usado no campo de fenômenos de ordem estética, social, tecnológica. Depois, estendeu-se ao âmbito filosófico, permanecendo, porém, marcado por certa ambigüidade, quer porque a avaliação do que se define como "pós-moderno" é algumas vezes positivo e outras negativo, quer porque não existe consenso sobre o delicado problema da delimitação das várias épocas históricas. Uma coisa, todavia, é certa: as correntes de pensamento que fazem referência à pós-modernidade merecem adequada atenção. Segundo algumas delas, de fato, o tempo das certezas teria irremediavelmente passado, o homem deveria finalmente aprender a viver num horizonte de ausência total de sentido, sob o signo do provisório e do efêmero. Muitos autores, na sua crítica demolidora de toda a certeza e ignorando as devidas distinções, contestam inclusivamente as certezas da fé.

De algum modo, esse niilismo encontra confirmação na terrível experiência do mal que caracterizou a nossa época. O otimismo racionalista que via na história o avanço vitorioso da razão, fonte de felicidade e de liberdade, não pôde resistir face à dramaticidade de tal experiência, a ponto de uma das maiores ameaças, neste final de século, ser a tentação do desespero.

Verdade é que uma certa mentalidade positivista continua defendendo a ilusão de que, graças às conquistas científicas e técnicas, o homem, como se fosse um demiurgo, poderá chegar por si mesmo a garantir o domínio total do seu destino.

2. Tarefas atuais da teologia

92. Enquanto compreensão da Revelação, a teologia, nas sucessivas épocas históricas, sempre sentiu como próprio dever escutar as solicitações das várias culturas, para permeá-las depois, por meio de uma coerente conceitualização, com o conteúdo da fé. Também hoje lhe compete uma dupla tarefa. Por um lado, deve cumprir a missão que o Concílio Vaticano II lhe confiou: renovar as suas metodologias, tendo em vista um serviço mais eficaz à evangelização. Nessa perspectiva, como não pensar nas

palavras pronunciadas pelo Sumo Pontífice João XXIII, na abertura do Concílio? Dizia ele: "Correspondendo à viva expectativa de quantos amam sinceramente a religião cristã, católica e apostólica, é necessário que esta doutrina seja conhecida mais ampla e profundamente e que nela sejam instruídas e formadas mais plenamente as consciências; é preciso que esta doutrina certa e imutável, que deve ser fielmente respeitada, seja aprofundada e apresentada segundo as exigências do nosso tempo"[107].

Mas, por outro lado, a teologia deve manter o olhar fixo sobre a verdade última que lhe foi confiada por meio da Revelação, não se contentando nem se detendo em etapas intermédias. O teólogo recorde-se de que o seu trabalho corresponde "ao dinamismo interior próprio da fé" e que o objeto específico da sua indagação é "a Verdade, o Deus vivo e o seu desígnio de salvação revelado em Jesus Cristo"[108]. Essa tarefa, que diz respeito em primeiro lugar à teologia, interpela também a filosofia. De fato, a quantidade imensa de problemas que hoje aparece requer um trabalho comum, embora desenvolvido com metodologias diversas, para que a verdade possa novamente ser conhecida e anunciada. A Verdade, que é Cristo, impõe-se como autoridade universal que rege, estimula e faz crescer (cf. Ef 4,15) tanto a teologia como a filosofia.

O fato de acreditar na possibilidade de se conhecer uma verdade universalmente válida não é de forma algu-

---

107. Discurso de abertura do Concílio (11 de outubro de 1962): AAS 54 (1962), 792.

108. CONGR. DA DOUTRINA DA FÉ, Instr. sobre a vocação eclesial do teólogo *Donum veritatis* (24 de maio de 1990), 7-8: *AAS* 82 (1990), 1552-1553.

ma fonte de intolerância; pelo contrário, é condição necessária para um diálogo sincero e autêntico entre as pessoas. Só com essa condição será possível superar as divisões e percorrer juntos o caminho que conduz à verdade total, seguindo por sendas que só Espírito do Senhor ressuscitado conhece[109]. O modo como se configura hoje concretamente a exigência de unidade, tendo em vista as tarefas atuais da teologia, é o que desejo agora indicar.

93. O objetivo fundamental que a teologia persegue é *apresentar a compreensão da Revelação e o conteúdo da fé*. Assim, o verdadeiro centro da sua reflexão será a contemplação do próprio mistério de Deus Uno e Trino. E a esse chega-se refletindo sobre o mistério da encarnação do Filho de Deus: sobre o fato de Ele se fazer homem e, depois, caminhar até à paixão e à morte, mistério esse que desembocará na sua gloriosa ressurreição e ascensão à

---

109. Escrevi na encíclica *Dominum et vivificantem*, comentando Jo 16,12-13: "Jesus apresenta o Consolador, o Espírito da Verdade, como Aquele que "ensinará e recordará", como Aquele que "dará testemunho" d'Ele; agora diz: "Ele vos guiará para a verdade total". Este "guiar para a verdade total", em relação àquilo que "os Apóstolos por agora não estão em condições de compreender", está necessariamente em ligação com o despojamento de Cristo, por meio da sua paixão e morte de cruz, que então, quando Ele pronunciava essas palavras, já estava iminente. Mas, em seguida, torna-se bem claro que aquele "guiar para a verdade total" tem a ver não apenas com o *scandalum crucis*, mas também com tudo o que Cristo "fez e ensinou" (At 1,1). Com efeito, o *mysterium Christi* na sua globalidade exige a fé, porquanto é ela que introduz o homem oportunamente na realidade do mistério revelado. O "guiar para a verdade total" realiza-se, pois, na fé e mediante a fé: é obra do Espírito da verdade e é fruto da sua ação no homem. O Espírito Santo deve ser em tudo isso o guia supremo do homem, a luz do espírito humano" [n. 6: *AAS* 78 (1986), 815-816].

direita do Pai, de onde enviará o Espírito de verdade para constituir e animar a sua Igreja. Nesse horizonte, a obrigação primeira da teologia é a compreensão da *kenosi* de Deus, mistério verdadeiramente grande para a mente humana, porque lhe parece insustentável que o sofrimento e a morte possam exprimir o amor que se dá sem pedir nada em troca. Nessa perspectiva, impõe-se como exigência fundamental e urgente uma análise atenta dos textos: os textos bíblicos primeiro, e depois os que exprimem a Tradição viva da Igreja. A esse respeito, surgem hoje alguns problemas, novos só em parte, cuja solução coerente não poderá ser encontrada sem o contributo da filosofia.

94. Um primeiro aspecto problemático refere-se à relação entre o significado e a verdade. Como qualquer outro texto, também as fontes que o teólogo interpreta transmitem, antes de mais nada, um significado, que tem de ser individuado e exposto. Ora, este significado apresenta-se como a verdade acerca de Deus, que é comunicada pelo próprio Deus por meio do texto sagrado. Assim, a linguagem de Deus toma corpo na linguagem humana, comunicando a verdade sobre Ele mesmo com aquela "condescendência" admirável que reflete a lógica da Encarnação[110]. Por isso, ao interpretar as fontes da Revelação, é necessário que o teólogo se interrogue sobre qual seja a verdade profunda e genuína que os textos querem comunicar, embora dentro dos limites da linguagem.

Quanto aos textos bíblicos, e em particular os Evangelhos, a sua verdade não se reduz seguramente à narra-

---

110. Cf. CONC. ECUM. VAT. II, Const. dogm. sobre a revelação divina *Dei Verbum*, 13.

ção de simples acontecimentos históricos ou à revelação de fatos neutros, como pretendia o positivismo historicista[111]. Pelo contrário, esses textos expõem acontecimentos cuja verdade está para além da mera ocorrência histórica: está no seu significado *para* e *dentro da* história da salvação. Essa verdade adquire a sua plena explicitação na leitura perene que a Igreja faz dos referidos textos ao longo dos séculos, mantendo inalterado o seu significado originário. Portanto, é urgente que se interroguem, filosoficamente também, sobre a relação que há entre o fato e o seu significado; relação essa que constitui o sentido específico da história.

95. A palavra de Deus não se destina apenas a um povo ou só a uma época. De igual modo, também os enunciados dogmáticos formulam uma verdade permanente e definitiva, ainda que às vezes se possa notar neles a cultura do período em que foram definidos. Surge, assim, a pergunta sobre como seja possível conciliar o caráter absoluto e universal da verdade com o inevitável condicionamento histórico e cultural das fórmulas que a exprimem. Como disse anteriormente, as teses do historicismo não são defendíveis. Pelo contrário, a aplicação duma hermenêutica aberta à questão metafísica é capaz de mostrar como se passa das circunstâncias históricas e contingentes, em que maturaram os textos, à verdade por eles expressa que está para além desses condicionalismos.

Com a sua linguagem histórica e limitada, o homem pode exprimir verdades que transcendem o fenôme-

---

111. Cf. PONTIFÍCIA COMISSÃO BÍBLICA, Instr. sobre a verdade histórica dos Evangelhos (21 de abril de 1964): *AAS* 56 (1964), 713.

no lingüístico. De fato, a verdade nunca pode estar limitada a um tempo, nem a uma cultura; é conhecida na história, mas supera a própria história.

96. Essa consideração permite vislumbrar a solução de outro problema: o da perene validade dos conceitos usados nas definições conciliares. Já o meu venerado Predecessor Pio XII enfrentara a questão, na carta encíclica *Humani generis*[112].

A reflexão sobre este assunto não é fácil, porque tem-se de atender cuidadosamente ao sentido que as palavras adquirem nas diversas culturas e nas diferentes épocas. Entretanto, a história do pensamento mostra que certos conceitos básicos mantêm, através da evolução e da variedade das culturas, o seu valor cognoscitivo universal e, conseqüentemente, a verdade das proposições que os exprimem[113]. Se assim não fosse, a filosofia e as ciências

---

112. "É claro que a Igreja não pode estar ligada a qualquer sistema filosófico efêmero; aquelas noções e termos que, segundo o consenso geral, foram compostos ao longo de vários séculos pelos doutores católicos para se chegar a um certo conhecimento e compreensão do dogma, sem dúvida que não se apoiam sobre fundamento tão caduco. Apóiam-se, ao contrário, em princípios e noções ditadas por um verdadeiro conhecimento da criação; e, para deduzirem estes conhecimentos, a verdade revelada, como se fosse uma estrela, iluminou a mente humana por meio da Igreja. Por isso, não há de que maravilhar-se se alguma destas noções acabou não apenas por ser usada em Concílios Ecumênicos, mas foi aí de tal modo ratificada que não é lícito abandoná-la" [Carta enc. *Humani generis* (12 de agosto de 1950): *AAS* 42 (1950), 566-567; cf. COMISSÃO TEOLÓGICA INTERNACIONAL, Doc. *Interpretationis problema* (outubro de 1989): *Enchiridion Vaticanum*, XI, nn. 2717-2811].

113. "Quanto ao próprio significado das fórmulas dogmáticas, este permanece, na Igreja, sempre verdadeiro e coerente, mesmo quando se

não poderiam comunicar entre si, nem ser recebidas por culturas diferentes daquelas onde foram pensadas e elaboradas. O problema hermenêutico é real, mas tem solução. O valor objetivo de muitos conceitos não exclui, aliás, que o seu significado freqüentemente seja imperfeito. A reflexão filosófica poderia ser de grande ajuda neste campo. Possa ela prestar o seu contributo particular no aprofundamento da relação entre linguagem conceitual e verdade, e na proposta de caminhos adequados para uma sua correta compreensão.

97. Se uma tarefa importante da teologia é a interpretação das fontes, mais delicado e exigente ainda é o trabalho seguinte: a *compreensão da verdade revelada*, ou seja, a elaboração do *intellectus fidei*. Como já aludi, o *intellectus fidei* requer o contributo duma filosofia do ser que, antes de mais, permita à *teologia dogmática* realizar adequadamente as suas funções. O pragmatismo dogmático dos inícios deste século, segundo o qual as verdades da fé nada mais seriam do que regras de comportamento, foi já refutado e rejeitado[114]; apesar disso, persiste sempre a tentação de compreender essas verdades de forma puramente funcional. Nesse caso, cair-se-ia num esquema inadequado, redutivo e desprovido da necessária incisivida-

---

torna mais claro e melhor compreendido. Por isso, os fiéis devem rejeitar a opinião segundo a qual as fórmulas dogmáticas (ou uma parte delas) não podem manifestar exatamente a verdade, mas apenas aproximações variáveis que, de certa forma, não passam de deformações e alterações da mesma" [S. Congr. da Doutrina da Fé, Decl. sobre a defesa da doutrina católica acerca da Igreja *Mysterium Ecclesiæ* (24 de junho de 1973), 5: *AAS* 65 (1973), 403].

114. Cf. Congr. S. Officii, Decr. *Lamentabili* (3 de julho de 1907), 26: *ASS* 40 (1907), 473.

de especulativa. Por exemplo, uma cristologia que partisse unilateralmente "de baixo", como hoje se costuma dizer, ou uma eclesiologia elaborada unicamente a partir do modelo das sociedades civis dificilmente poderiam evitar o perigo de tal reducionismo.

Se o *intellectus fidei* quer integrar toda a riqueza da tradição teológica, tem de recorrer à filosofia do ser. Esta deverá ser capaz de propor o problema do ser segundo as exigências e as contribuições de toda a tradição filosófica, incluindo a mais recente, evitando cair em estéreis repetições de esquemas antiquados. No quadro da tradição metafísica cristã, a filosofia do ser é uma filosofia dinâmica que vê a realidade nas suas estruturas ontológicas, causais e inter-relacionais. A sua força e perenidade derivam do fato de se basear precisamente sobre o ato do ser, o que lhe permite uma abertura plena e global a toda a realidade, superando todo e qualquer limite até alcançar Aquele que tudo leva à perfeição[115]. Na teologia, que recebe os seus princípios da Revelação como nova fonte de conhecimento, essa perspectiva é confirmada por meio da relação íntima entre fé e racionalidade metafísica.

98. Idênticas considerações podem ser feitas a propósito da *teologia moral*. A recuperação da filosofia é urgente também para a compreensão da fé que diz respeito ao agir dos fiéis. Diante dos desafios que se levantam atualmente no campo social, econômico, político e científico, a consciência ética do homem desorientou-se. Na carta encíclica *Veritatis splendor*, pus em evidência que muitos

---

115. Cf. JOÃO PAULO II, Discurso na Pontifícia Universidade de santo Tomás (17 de novembro de 1979), 6: *L'Osservatore Romano* (ed. portuguesa de 25 de novembro de 1979), 8.

problemas do mundo contemporâneo derivam de uma "crise em torno da verdade. Perdida a idéia duma verdade universal sobre o bem, cognoscível pela razão humana, mudou também inevitavelmente a concepção de consciência: esta deixa de ser considerada na sua realidade original, ou seja, como um ato da inteligência da pessoa, a quem cabe aplicar o conhecimento universal do bem a uma determinada situação e exprimir assim um juízo sobre a conduta justa a ter aqui e agora; tende-se a conceder à consciência do indivíduo o privilégio de estabelecer autonomamente os critérios do bem e do mal, e de agir em conseqüência. Essa visão identifica-se com uma ética individualista, na qual cada um se vê confrontado com a sua verdade, diferente da verdade dos outros"[116].

Ao longo de toda a encíclica agora citada, sublinhei claramente o papel fundamental que compete à verdade no campo da moral. Ora essa verdade, na maior parte dos problemas éticos mais urgentes, requer, da teologia moral, uma cuidadosa reflexão que saiba pôr em evidência as suas raízes na palavra de Deus. Para poder desempenhar esta sua missão, a teologia moral deve recorrer a uma ética filosófica que tenha em vista a verdade do bem, isto é, uma ética que não seja subjetivista nem utilitarista. Tal ética implica e pressupõe uma antropologia filosófica e uma metafísica do bem. A teologia moral, valendo-se dessa visão unitária que está necessariamente ligada à santidade cristã e à prática das virtudes humanas e sobrenaturais, será capaz de enfrentar os vários problemas que lhe dizem respeito — tais como a paz, a justiça social, a família, a defesa da vida e do ambiente natural — de forma mais adequada e eficaz.

---

116. N. 32: *AAS* 85 (1993), 1159-1160.

99. Na Igreja, o trabalho teológico está, primeiramente, ao serviço do anúncio da fé e da catequese[117]. O anúncio, ou querigma, chama à conversão, propondo a verdade de Cristo que tem o seu ponto culminante no Mistério Pascal: na verdade, só em Cristo é possível conhecer a plenitude da verdade que salva (cf. At 4,12; 1Tm 2,4-6).

Nesse contexto, é fácil compreender a razão por que, além da teologia, assuma também grande relevo a referência à *catequese*: é que esta possui implicações filosóficas que têm de ser aprofundadas à luz da fé. A doutrina ensinada na catequese pretende formar a pessoa. Por isso a catequese, que é também comunicação lingüística, deve apresentar a doutrina da Igreja na sua integridade[118], mostrando a ligação que ela tem com a vida dos fiéis[119]. Realiza-se, assim, uma singular união entre doutrina e vida, que é impossível conseguir de outro modo. De fato, aquilo que se comunica na catequese não é um corpo de verdades conceituais, mas o mistério do Deus vivo[120].

A reflexão filosófica muito pode contribuir para esclarecer a relação entre verdade e vida, entre acontecimento e verdade doutrinal, e sobretudo a relação entre verdade transcendente e linguagem humanamente inteligível[121]. A reciprocidade que se cria entre as disciplinas

---

117. Cf. JOÃO PAULO II, Exort. ap. *Catechesi tradendæ* (16 de outubro de 1979), 30: *AAS* 71 (1979), 1302-1303; CONGR. DA DOUTRINA DA FÉ, Instr. sobre a vocação eclesial do teólogo *Donum veritatis* (24 de maio de 1990), 7: *AAS* 82 (1990), 1552-1553.

118. Cf. JOÃO PAULO II, Exort. ap. *Catechesi tradendæ* (16 de outubro de 1979), 30: *AAS* 71 (1979), 1302-1303.

119. Cf. ibid., 22: op.cit., 1295-1296.

120. Cf. ibid., 7: *o.c.*, 1282.

121. Cf. ibid., 59: *op.cit.*, 1325.

teológicas e os resultados alcançados pelas diversas correntes filosóficas pode traduzir-se numa real fecundidade para a comunicação da fé e para uma sua compreensão mais profunda.

CONCLUSÃO

100. Passados mais de cem anos da publicação da encíclica *Æterni Patris* de Leão XIII, à qual me referi várias vezes nestas páginas, pareceu-me necessário abordar novamente e de forma mais sistemática o discurso sobre o tema da relação entre a fé e a filosofia. É óbvia a importância que o pensamento filosófico tem no progresso das culturas e na orientação dos comportamentos pessoais e sociais. Embora isso nem sempre se note de forma explícita, ele exerce também uma grande influência sobre a teologia e suas diversas disciplinas. Por esses motivos, considerei justo e necessário sublinhar o valor que a filosofia tem para a compreensão da fé, e as limitações em que aquela se vê, quando esquece ou rejeita as verdades da Revelação. De fato, a Igreja continua profundamente convencida de que fé e razão "se ajudam mutuamente"[122], exercendo, uma em prol da outra, a função tanto de discernimento crítico e purificador, como de estímulo para progredir na investigação e no aprofundamento.

101. Se detivermos o nosso olhar sobre a história do pensamento, sobretudo no Ocidente, é fácil constatar a riqueza que sobreveio, para o progresso da humanidade, do encontro da filosofia com a teologia e do intercâmbio das suas respectivas conquistas. A teologia, que recebeu

---

122. CONC. ECUM. VAT. I, Const. dogm. sobre a fé católica *Dei Filius*, IV: *DS* 3019.

o dom duma abertura e originalidade que lhe permite existir como ciência da fé, fez seguramente com que a razão permanecesse aberta diante da novidade radical que a revelação de Deus traz consigo. E isso foi, sem dúvida alguma, uma vantagem para a filosofia, que, assim, viu abrirem-se novos horizontes apontando para sucessivos significados que a razão está chamada a aprofundar.

Precisamente à luz dessa constatação, tal como reafirmei o dever que tem a teologia de recuperar a sua genuína relação com a filosofia, da mesma forma sinto a obrigação de sublinhar que é conveniente para o bem e o progresso do pensamento que também a filosofia recupere a sua relação com a teologia. Nesta, encontrará não a reflexão dum mero indivíduo, que, embora profunda e rica, sempre traz consigo as limitações de perspectiva próprias do pensamento de um só, mas a riqueza duma reflexão comum. De fato, quando indaga sobre a verdade, a teologia, por sua natureza, é sustentada pela nota da *eclesialidade*[123] e pela tradição do Povo de Deus, com sua riqueza multiforme de conhecimentos e de culturas na unidade da fé.

102. Com tal insistência sobre a importância e as autênticas dimensões do pensamento filosófico, a Igreja promove a defesa da dignidade humana e, simultaneamente, o anúncio da mensagem evangélica. Ora, para essas tare-

---

123. "Ninguém pode tratar a teologia como se fosse uma simples coletânea dos próprios conceitos pessoais; mas cada um deve ter a consciência de permanecer em íntima união com aquela missão de ensinar a verdade, de que é responsável a Igreja" [JOÃO PAULO II, Carta enc. *Redemptor hominis* (4 de março de 1979), 19: *AAS* 71 (1979), 308].

fas, não existe, hoje, preparação mais urgente do que esta: levar os homens à descoberta da sua capacidade de conhecer a verdade[124] e do seu anseio pelo sentido último e definitivo da existência. À luz dessas exigências profundas, inscritas por Deus na natureza humana, aparece mais claro também o significado humano e humanizante da palavra de Deus. Graças à mediação de uma filosofia que se tornou também verdadeira sabedoria, o homem contemporâneo chegará a reconhecer que será tanto mais homem quanto mais se abrir a Cristo, acreditando no Evangelho.

103. Além disso, a filosofia é como que o espelho onde se reflete a cultura dos povos. Uma filosofia que se desenvolve em harmonia com a fé, aceitando o estímulo das exigências teológicas, faz parte daquela "evangelização da cultura" que Paulo VI propôs como um dos objetivos fundamentais da evangelização[125]. Pensando na *nova evangelização,* cuja urgência não me canso de recordar, faço apelo aos filósofos para que saibam aprofundar aquelas dimensões de verdade, bem e beleza, a que dá acesso a palavra de Deus. Isso torna-se ainda mais urgente, ao considerar os desafios que o novo milênio parece trazer consigo: eles tocam de modo particular as regiões e as culturas de antiga tradição cristã. Esse cuidado deve considerar-se também um contributo fundamental e original para o avanço da nova evangelização.

---

124. Cf. Conc. Ecum. Vat. II, Decl. sobre a liberdade religiosa *Dignitatis humanæ,* 1-3.

125. Cf. Exort. ap. *Evangelii nuntiandi* (8 de dezembro de 1975), 20: *AAS* 68 (1976), 18-19.

104. O pensamento filosófico é freqüentemente o único terreno comum de entendimento e diálogo com quem não partilha a nossa fé. O movimento filosófico contemporâneo exige o empenho solícito e competente de filósofos fiéis que sejam capazes de individuar as expectativas, possibilidades e problemáticas deste momento histórico. Discorrendo à luz da razão e segundo as suas regras, o filósofo cristão, sempre guiado naturalmente pela leitura superior que lhe vem da palavra de Deus, pode criar uma reflexão que seja compreensível e sensata mesmo para quem ainda não possua a verdade plena que a revelação divina manifesta. Esse terreno comum de entendimento e diálogo é ainda mais importante hoje, se se pensa que os problemas mais urgentes da humanidade — como, por exemplo, o problema ecológico, o problema da paz ou da convivência das raças e das culturas — podem ter solução à luz duma colaboração clara e honesta dos cristãos com os fiéis de outras religiões e com todos os que, mesmo não aderindo a qualquer crença religiosa, têm a peito a renovação da humanidade. Afirmou-o o Concílio Vaticano II: "Por nossa parte, o desejo de um tal diálogo, guiado apenas pelo amor pela verdade e com a necessária prudência, não exclui ninguém: nem aqueles que cultivam os altos valores do espírito humano, sem ainda conhecerem o seu Autor, nem aqueles que se opõem à Igreja e, de várias maneiras, a perseguem"[126]. Uma filosofia, na qual já resplandeça algo da verdade de Cristo, única resposta definitiva aos problemas do homem[127], será um apoio eficaz para aquela ética verdadei-

---

126. Const. past. sobre a Igreja no mundo contemporâneo *Gaudium et spes*, 92.

127. Cf. ibid., 10.

ra e simultaneamente universal de que, hoje, a humanidade tem necessidade.

105. Não posso concluir esta carta encíclica sem dirigir um último apelo, em primeiro lugar aos *teólogos*, para que prestem particular atenção às implicações filosóficas da palavra de Deus e realizem uma reflexão na qual sobressaia a densidade especulativa e prática da ciência teológica. Desejo agradecer-lhes o seu serviço eclesial. A estrita conexão entre a sabedoria teológica e o saber filosófico é uma das riquezas mais originais da tradição cristã no aprofundamento da verdade revelada. Por isso, exorto-os a recuperarem e a porem em evidência o melhor possível a dimensão metafísica da verdade, para desse modo entrarem num diálogo crítico e exigente quer com o pensamento filosófico contemporâneo, quer com toda a tradição filosófica, esteja esta em sintonia ou contradição com a palavra de Deus. Tenham sempre presente a indicação de um grande mestre do pensamento e da espiritualidade, são Boaventura, que, ao introduzir o leitor na sua obra *Itinerarium mentis in Deum*, convidava-o a ter consciência de que "a leitura não é suficiente sem a compunção, o conhecimento sem a devoção, a investigação sem o arrebatamento do enlevo, a prudência sem a capacidade de abandonar-se à alegria, a atividade separada da religiosidade, o saber separado da caridade, a inteligência sem a humildade, o estudo sem o suporte da graça divina, a reflexão sem a sabedoria inspirada por Deus"[128].

Dirijo o meu apelo também a quantos têm a *responsabilidade da formação sacerdotal*, tanto acadêmica

---

128. Prólogo, 4: *Opera omnia*, t. V (Florença 1891), 296.

como pastoral, para que cuidem, com particular atenção, da preparação filosófica daquele que deverá anunciar o Evangelho ao homem de hoje, e mais ainda se se vai dedicar à investigação e ao ensino da teologia. Procurem organizar o seu trabalho à luz das prescrições do Concílio Vaticano II[129] e sucessivas determinações, que mostram a tarefa indeclinável e urgente, que cabe a todos nós, de contribuir para uma genuína e profunda comunicação das verdades da fé. Não se esqueça a grave responsabilidade de uma preparação prévia e condigna do corpo docente, destinado ao ensino da filosofia nos Seminários e nas Faculdades Eclesiásticas[130]. É necessário que uma tal docência possua a conveniente preparação científica, proponha de maneira sistemática o grande patrimônio da tradição cristã, e seja efetuada com o devido discernimento face às exigências atuais da Igreja e do mundo.

106. O meu apelo dirige-se ainda aos *filósofos* e a *quantos ensinam a filosofia*, para que, na esteira duma tradição filosófica perenemente válida, tenham a coragem de recuperar as dimensões de autêntica sabedoria e de verdade, inclusive metafísica, do pensamento filosófico. Deixem-se interpelar pelas exigências que nascem da palavra de Deus, e tenham a força de elaborar o seu discurso racional e argumentativo de resposta a tal interpelação. Vivam em permanente tensão para a verdade e atentos ao bem que existe em tudo o que é verdadeiro. Poderão, assim, formular aquela ética genuína de que a humanidade tem urgente necessidade, sobretudo nestes anos. A Igreja acompanha

---

129. Cf. Decr. sobre a formação sacerdotal *Optatam totius*, 15.

130. Cf. JOÃO PAULO II, Const. ap. *Sapientia christiana* (15 de abril de 1979), arts. 67-68: *AAS* 71 (1979), 491-492.

com atenção e simpatia as suas investigações; podem, pois, estar seguros do respeito que ela nutre pela justa autonomia da sua ciência. De modo particular, quero encorajar os fiéis empenhados no campo da filosofia para que iluminem os diversos âmbitos da atividade humana, graças ao exercício de uma razão que se torna mais segura e perspicaz com o apoio que recebe da fé.

Não posso, enfim, deixar de dirigir uma palavra também aos *cientistas*, que nos proporcionam, com as suas pesquisas, um conhecimento sempre maior do universo inteiro e da variedade extraordinariamente rica dos seus componentes, animados e inanimados, com suas complexas estruturas de átomos e moléculas. O caminho por eles realizado atingiu, especialmente neste século, metas que não cessam de nos maravilhar. Ao exprimir a minha admiração e o meu encorajamento a estes valorosos pioneiros da pesquisa científica, a quem a humanidade muito deve do seu progresso atual, sinto o dever de exortá-los a prosseguir nos seus esforços, permanecendo sempre naquele horizonte *sapiencial* em que aos resultados científicos e tecnológicos se unem os valores filosóficos e éticos, que são manifestação característica e imprescindível da pessoa humana. O cientista está bem cônscio de que "a busca da verdade, mesmo quando se refere a uma realidade limitada do mundo ou do homem, jamais termina; remete sempre para alguma coisa que está acima do objeto imediato dos estudos, para os interrogativos que abrem o acesso ao Mistério"[131].

---

131. JOÃO PAULO II, Discurso na Universidade de Cracóvia, por ocasião dos 600 anos da Alma Mater Jaghelónica (8 de junho de 1997), 4: *L'Osservatore Romano* (ed. portuguesa de 21 de junho de 1997), 6.

107. A *todos* peço para se debruçarem profundamente sobre o homem, que Cristo salvou no mistério do seu amor, e sobre a sua busca constante de verdade e de sentido. Iludindo-o, vários sistemas filosóficos convenceram-no de que ele é senhor absoluto de si mesmo, que pode decidir autonomamente sobre o seu destino e o seu futuro, confiando apenas em si próprio e nas suas forças. Ora, essa nunca poderá ser a grandeza do homem. Para a sua realização, será determinante apenas a opção de viver na verdade, construindo a própria casa à sombra da Sabedoria e nela habitando. Só neste horizonte da verdade poderá compreender, com toda a clareza, a sua liberdade e o seu chamamento ao amor e ao conhecimento de Deus como suprema realização de si mesmo.

108. Por último, o meu pensamento dirige-se para Aquela que a oração da Igreja invoca como *Sede da Sabedoria*. A sua vida é uma verdadeira parábola, capaz de iluminar a reflexão que desenvolvi. De fato, pode-se entrever uma profunda analogia entre a vocação da bem-aventurada Virgem Maria e a vocação da filosofia genuína. Como a Virgem foi chamada a oferecer toda a sua humanidade e feminilidade para que o Verbo de Deus pudesse se encarnar e fazer-se um de nós, também a filosofia é chamada a dar o seu contributo racional e crítico para que a teologia, enquanto compreensão da fé, seja fecunda e eficaz. E como Maria, ao prestar o seu consentimento ao anúncio de Gabriel, nada perdeu da sua verdadeira humanidade e liberdade, assim também o pensamento filosófico, quando acolhe a interpelação que recebe da verdade do Evangelho, nada perde da sua autonomia, antes vê toda a sua indagação elevada à mais alta realização. Os santos monges da antigüidade cristã tinham compreendi-

do bem esta verdade, quando designavam Maria como "a mesa intelectual da fé"[132]. Nela, viam a imagem coerente da verdadeira filosofia, e estavam convencidos de que deviam *philosophari in Maria*.

Que a Sede da Sabedoria seja o porto seguro para quantos consagram a sua vida à procura da sabedoria! O caminho para a sabedoria, fim último e autêntico de todo o verdadeiro saber, possa ver-se livre de qualquer obstáculo por intercessão daquela que, depois de gerar a Verdade e tê-la conservado no seu coração, comunicou-a para sempre à humanidade inteira.

Dado em Roma, junto de são Pedro, no dia 14 de setembro — Festa da Exaltação da Santa Cruz — de 1998, vigésimo ano de Pontificado.

Joannes Paulus II

---

132. "'e noerà tes pìsteos tràpeza" [PSEUDO-EPIFÂNIO, *Homilia em louvor de Santa Maria Mãe de Deus*: PG 43, 493]

ÍNDICE

INTRODUÇÃO
    "CONHECE-TE A TI MESMO" 5

CAPÍTULO I
    A REVELAÇÃO DA SABEDORIA DE DEUS 15

1. *Jesus, revelador do Pai* 15
2. *A razão perante o mistério* 20

CAPÍTULO II
    CREDO UT INTELLEGAM 27

1. *"A sabedoria sabe e compreende
    todas as coisas"* (Sb 9, 11) 27
2. *"Adquire a sabedoria, adquire a inteligência"* (Pr 4, 5) 32

CAPÍTULO III
    INTELLEGO UT CREDAM 37

1. *Caminhar à procura da verdade* 37
2. *Os diferentes rostos da verdade do homem* 42

CAPÍTULO IV
    A RELAÇÃO ENTRE A FÉ E A RAZÃO 51

1. *As etapas significativas do encontro entre a fé e a razão* 51
2. *A novidade perene do pensamento
    de santo Tomás de Aquino* 60
3. *O drama da separação da fé e da razão* 64

CAPÍTULO V
INTERVENÇÕES DO MAGISTÉRIO EM MATÉRIA FILOSÓFICA 69

1. *O discernimento do Magistério como diaconia da verdade* 69
2. *Solicitude da Igreja pela filosofia* 80

CAPÍTULO VI
INTERAÇÃO DA TEOLOGIA COM A FILOSOFIA 87

1. *A ciência da fé e as exigências da razão filosófica* 87
2. *Diferentes estádios da filosofia* 99

CAPÍTULO VII
EXIGÊNCIAS E TAREFAS ATUAIS 107

1. *As exigências irrenunciáveis da palavra de Deus* 107
2. *Tarefas atuais da teologia* 122

CONCLUSãO 133

Rua Dona Inácia Uchoa, 62
04110-020 – São Paulo – SP (Brasil)
Tel.: (11) 2125-3500
paulinas.com.br – editora@paulinas.com.br
Telemarketing e SAC: 0800-7010081